Constantin Sigov et Laure Mandeville

QUAND L'UKRAINE SE LÈVE

La naissance d'une nouvelle Europe

TALENT ÉDITIONS
115 rue de l'Abbé Groult, 75015 Paris

Photo de couverture : © Dmytro Kozatskyi

ISBN : 978-2-37815-267-3

Constantin Sigov et Laure Mandeville

QUAND L'UKRAINE SE LÈVE

La naissance d'une nouvelle Europe

Talent Éditions

TABLE DES MATIÈRES

AVANT-PROPOS

QUAND L'UKRAINE SE LÈVE

Nous dormions. Nous, l'Occident, nous avions la tête ailleurs. À l'exception de nos amis d'Europe centrale, des Baltes et de quelques spécialistes, nous étions naïfs, aveuglés, cyniques ou tout simplement ignorants. Nous avions cru le dragon néo-totalitaire soviétique à terre, alors qu'il était en train de renaître des décombres de l'URSS. Bien abrités derrière un parapluie américain dont ils rêvaient pourtant de s'affranchir, nos stratèges avaient fini par se persuader d'être débarrassés de la guerre et des vents mauvais de l'Histoire pour toujours. Quelle naïveté ! D'autres étaient si concentrés sur les graves ferments de décomposition, de doutes et de discorde qui travaillent nos sociétés occidentales, qu'ils n'arrivaient pas à penser les autres menaces. D'autres encore – et notamment une large part de nos diplomates et de nos politiques empreints d'une vision romantique du « monde russe », ou profitant parfois des prébendes du régime, jugeaient Poutine fréquentable et nourrissaient même l'espoir d'un grand rapprochement stratégique avec la Russie pour faire contrepoids aux États-Unis. Ils expliquaient qu'il ne fallait pas appliquer à la Russie les codes des sociétés occidentales et trouvaient toutes les excuses au maître du Kremlin. Certains en avaient même fait leur modèle, face à l'Occident « décadent ». Quel aveuglement !

Depuis six mois tous ces calculs et illusions se sont effondrés devant la déferlante de la guerre de la Russie poutinienne en Ukraine : le déluge du feu, les armadas de fer, les dizaines de milliers de morts, les viols, les exactions, les fosses communes, les villes transformées en tas de ruines, les discours ouvertement fascistes, les propositions de paix indécentes, les mensonges quotidiens, les assemblées Potemkine des cités occupées, et même le chantage à l'arme nucléaire. Nous vivons un désastre stratégique et découvrons enfin que nous avons un grave problème russe.

Mais nous découvrons aussi, surtout, la résistance churchillienne des Ukrainiens, leurs trésors de sacrifices patriotiques, leur courage et leurs ruses, leur intelligence du combat, leur unité miraculeuse au bord de l'abîme malgré toutes leurs divisions passées et la faiblesse de leur État postcommuniste affaibli par les oligarchies et la corruption.

Face à l'ouragan néo-totalitaire poutinien qui a fondu sur elle, cette nation slave longtemps restée quasiment invisible sur la carte mentale de l'Europe a soudain émergé sous nos yeux stupéfiés pour défendre sa terre et ses libertés démocratiques, devenant le facteur politique et géopolitique le plus remarquable du moment historique que nous vivons depuis le début de l'invasion de Poutine le 24 février 2022. Nous voyons l'Ukraine se lever.

Les sources et l'enjeu de cette résistance, qui sera déterminante non seulement pour l'avenir ukrainien, mais aussi pour celui de l'Europe toute entière, et souhaitons-le, un jour, celui de la Russie, sont, avec l'analyse de l'ouragan russe et de la mobilisation tardive mais encourageante de l'Occident, le thème central de ce livre-conversation avec le philosophe ukrainien Constantin Sigov, ami de Paul Ricœur, et disciple d'Hanna Arendt qui a passé plus de trente ans à construire des ponts intellectuels, éditoriaux et amicaux entre la France et l'Ukraine, l'Ukraine et l'Europe (et aussi, autant que possible, entre l'Ukraine et la Russie).

Pendant les six mois qui ont suivi le début de la guerre, nous avons mené une série de conversations téléphoniques (1) pour percer le brouillard de la guerre, et déceler les lignes fortes de ce moment historique, dont nous sentons tous qu'il sera décisif pour l'avenir. Constantin a répondu à mes questions depuis Kyiv, où il est resté dans son appartement ceint de sacs de sable avec son frère, son fils et sa vieille mère de 93 ans. J'ai mené ces entretiens depuis Paris, autre « front » au calme trompeur de la guerre hybride que Poutine mène sur plusieurs terrains : en Ukraine contre la nation ukrainienne, en Russie contre son propre peuple confronté à une véritable politique de purges, d'assassinats, et d'intimidation, et en Occident où se déploie une bataille de propagande acharnée pour diviser les Européens et les convaincre de forcer l'Ukraine à accepter l'amputation de son territoire en échange d'une paix précaire et potentiellement remise en cause à tout instant.

Tous nos échanges ont tourné autour du trésor de la résistance ukrainienne et sa signification cruciale pour l'avenir européen.

Mais ce voyage dans l'anthropologie et l'histoire de l'Ukraine ne ressemble en rien à une promenade académique. Car le terrain historique et politique, mais aussi philosophique et moral, où Constantin Sigov entraîne le lecteur reste toujours très concret. Mû par l'urgence de formuler un antidote à la terreur qui se déploie, il permet de comprendre exactement la nature du régime poutinien et les enjeux de la résistance, la différence entre « homme rouge » resurgi du passé soviétique et nouvel « homme orange » ukrainien fuyant la zone de non-droit russe pour rejoindre le concert des nations démocratiques. Il nous ouvre les yeux sur un ouragan qui fonce non seulement sur l'Ukraine mais sur nous. « N'ayant jamais pardonné la transformation de l'empire soviétique en champ de ruines, Poutine veut voir les décombres de l'Union européenne. C'est une sorte de revanche à la Néron qui met le feu à notre civilisation », avertit Sigov.

Dire que l'Ukraine a longtemps été une Atlantide ignorée, absente de la carte mentale des Européens est un euphémisme. Je me souviens à cet égard de mon premier voyage à Kyiv en 1989, comme reporter arrivée dans les valises du Président Mitterrand, qui y faisait une visite éclair pour rencontrer Mikhaïl Gorbatchev et tenter de s'entendre avec lui pour contourner la réunification de l'Allemagne. Il était allé lui dire l'attachement de la France à la pérennité… de l'Union soviétique ! Je me souviens que je bouillais d'envie d'aller à la rencontre de la population ukrainienne, dont j'avais entraperçu quelques silhouettes depuis le bus de journalistes accrédités qui nous avait acheminés à l'hôtel où avaient lieu les pourparlers. L'agenda était très serré mais je parvins à descendre dans la rue, dans la soirée, pour discuter avec quelques manifestants du mouvement nationaliste Roukh et d'un mouvement écologique lié à Tchernobyl, qui étaient venus se positionner près de l'hôtel pour attirer l'attention des journalistes. On sentait dans leurs explications un bouillonnement d'aspirations multiples, qui ressemblait d'ailleurs à celui qui traversait alors Moscou. Mais ce n'était pas le sujet de cette rencontre, en plein tumulte de la chute du Mur de Berlin.

L'Ukraine n'était qu'une toile de fond où le Français et le Soviétique se retrouvaient pour tenter de freiner l'histoire en marche. L'idée que deux ans plus tard, l'Ukraine ferait partie d'un mouvement de décolonisation plus vaste et proclamerait son indépendance ne traversait pas l'esprit des deux hommes ! Pour eux, elle n'existait pas ! Neuf mois plus tard, j'étais à Moscou. Dans une Union soviétique qui explosait déjà de toutes parts, je vis arriver un fax de Kyiv au bureau du *Figaro* où j'étais en reportage. Envoyé par le mouvement national ukrainien Roukh, il invitait les journalistes étrangers à participer pour trois jours à une grande fête, en la ville de Zaporijjia, aujourd'hui devenue célèbre pour les combats qui y font rage et le destin incertain de la centrale nucléaire qui y est déployée. Les organisateurs annonçaient qu'une grande célébration populaire se tiendrait à l'occasion de l'enterrement du crâne d'un ataman cosaque zaporogue nommé Tsyrko. Intriguée, je décidai de prendre l'avion. À mon arrivée à Kyiv je fus embarquée, avec des milliers d'Ukrainiens à bord d'une armada de dizaines d'autocars, qui convergèrent vers Zaporijjia, drapeau bleu azur et jaune historique ukrainien flottant au vent. On était pourtant encore en Union soviétique ! Durant trois jours, dans une liesse et émotion touchante, les participants chantèrent à pleine voix que « L'Ukraine n'était pas encore morte », chant qui allait devenir l'hymne national du pays. Au milieu du folklore des centaines de groupes cosaques en uniforme qui défilaient, je fis la connaissance d'une foison d'intellectuels et de leaders politiques comme Viatcheslav Tchornovyl, leader du Roukh, qui aspiraient ouvertement à la souveraineté de l'Ukraine et se plaçaient résolument dans le sillage des Lituaniens qui avaient décrété leur indépendance quelques mois plus tôt. Sur les pancartes qu'ils agitaient, je découvrais des noms inconnus dont j'ignorais l'histoire et la symbolique tourmentée, et manipulée par l'historiographie soviétique : Petlioura, Bandera... De retour à Moscou, cherchant confirmation de mes intuitions sur la signification de cette effervescence, je me rendis à l'ambassade de France pour faire part de mon étonnement et interroger le ministre conseiller de l'époque sur une possible marche de l'Ukraine vers l'indépendance. Il éclata de rire et plaisanta sur « l'imagination des journalistes ». Un an plus tard, dans la foulée du putsch raté d'août 1991, l'Ukraine proclamait son indépendance.

L'épisode avait été révélateur. La diplomatie française, et plus largement occidentale, ne croyait pas à la réalité de l'Ukraine. Pour elle, cette nation n'existait tout simplement pas. Les Américains ne faisaient pas exception à la règle. George Bush père n'était-il pas allé à Kyiv début août 1991, pour enjoindre les Ukrainiens de rester dans l'URSS ?

Même une fois l'indépendance proclamée, les Occidentaux ont peiné à mettre l'Ukraine sur leurs cartes géographiques et mentales ! On disait la construction fragile, mise en péril par l'opposition de l'Ouest jadis partie intégrante de la Pologne, et l'Est russophone. Ces différences n'empêchaient pas l'essentiel : l'émergence d'un acteur politique qui voulait échapper au soviétisme et à l'emprise de Moscou. La révolution orange de 2004, puis le mouvement du Maïdan en 2014, scellèrent cette aspiration à la souveraineté et à la démocratie de la société ukrainienne.

Mais la lenteur à prendre en compte le fait national ukrainien, voire le doute sur sa réalité, perdura. Elle reste toujours latente dans nos contrées alors que le conflit déclenché le 24 février 2022 bat son plein. Au fond, jusqu'à une date très récente, comme l'explique Constantin Sigov dans ce livre, les Occidentaux, surtout à Berlin et Paris, ont continué d'embrasser la vision impériale de la Russie dans leur rapport à l'Ukraine, chaussant presque systématiquement les lunettes de Moscou et prenant ses analyses pour argent comptant. Même les slavisants experts de la région, montre-t-il, ont peiné à se défaire de ce prisme et il a fallu l'œuvre d'intellectuels pionniers, comme l'Allemand Karl Schlögel, pour amorcer une révolution de l'approche intellectuelle occidentale sur l'Ukraine et sortir du paradigme impérial qu'avait imposé Moscou.

Au fil de la conversation, Constantin Sigov revient longuement sur les mouvements souterrains anciens, longtemps occultés et enfouis, qui travaillaient la société ukrainienne sous la glace de l'idéologie soviétique et ont émaillé la longue marche de l'Ukraine vers la souveraineté, malgré des déboires et péripéties ô combien tragiques : la société cosaque zaporogue qui fonda l'esprit séculaire de liberté et d'horizontalité des Ukrainiens, leur méfiance de l'État et leur capacité à le défier ; la République ukrainienne indépendante née en 1917 et écrasée dans le sang par les bolchéviques. Le souvenir du Holodomor, cette famine artificielle organisée par Staline pour casser la société, puis les grandes purges de l'intelligentsia ukrainienne dans les années 1930 et la désukrainisation massive et agressive qui s'ensuivit. Sigov parle aussi de l'invasion de la Pologne de 1939 et des répressions terribles que subit alors l'Ukraine occidentale (qui était alors partie intégrante du territoire polonais), sous occupation soviétique puis nazie à partir de 1941. Une mémoire « occidentale » antisoviétique qui allait diffuser largement vers Kyiv et le reste de l'Ukraine, au fil des ans, à travers notamment les réseaux de l'Église gréco-catholique des catacombes. Pour toutes ces raisons, « nous n'appartenons pas à l'inertie de l'*Homo sovieticus* », explique Constantin Sigov, parlant d'une « civilisation de Kyiv » où « la société est plus forte que l'État ». « Nous n'avons peur de personne. La peur face aux spetsnaz et à la police est une grande absente en Ukraine », alors qu'en Russie, cette peur est « dans leurs os » pour des raisons historiques, souligne-t-il. Le philosophe brosse le portrait, fascinant, d'une Ukraine intellectuelle qui a préservé, tout au long du XXe siècle, « des antennes » européennes, à travers ses mille liens et échanges étroits avec ses voisins centre-européens. Il parle de tous ces grands noms de la pensée ukrainienne qu'il nous reste à découvrir. Skovoroda, Tchijevski et tant d'autres... Clairement, 2004, 2014 et 2022 apparaissent comme l'aboutissement de ce très ancien processus de maturation de la société civile, ce refus ukrainien d'une mort civique, qui a en revanche à nouveau été imposée à la Russie dès la fin des années 1990. « C'est un autre "écosystème" », insiste le philosophe ukrainien, même s'il n'exclut nullement que l'écosystème de l'Ukraine diffuse par contagion vers la Russie, si Poutine perd la guerre et, dans la foulée de cet échec, l'empire.

Cet autre « écosystème », qui impliquait à la fois un processus de décolonisation vis-à-vis de Moscou et de désoviétisation de la politique, est précisément ce que Poutine a vu comme une trahison et un péril mortel. Car pendant que l'Ukraine pataugeait dans les eaux du postcommunisme, n'échappant pas à la corruption mais construisant pas à pas sa souveraineté et préservant – fait essentiel – la liberté de presse et le pluralisme politique, la Russie choisissait le chemin inverse. Celui du retour vers le passé, vers le verrouillage des esprits et de la politique, vers la revanche de l'empire et la rechute dans l'arbitraire d'un pouvoir sorti tout droit du ventre d'une organisation criminelle, le KGB. « Dès le putsch conservateur raté de 1991, nous avons compris que cette bascule vers les vieux démons pouvait revenir », nous a confié Constantin.

Sur la nature de l'ouragan russe qui déferle, et que pour l'instant, la résistance ukrainienne permet, avec notre aide, de contenir, sa vision est claire. Pour lui, 1991 n'a été qu'une brève parenthèse avant la rechute néo-impériale et néototalitaire russe. La Russie n'ayant pas fait le procès du communisme et de ses crimes, le processus de détotalitarisation entamé après la fin de l'URSS n'a pas été mené à son terme, contrairement à ce qui s'était passé avec le totalitarisme nazi, rappelle-t-il. Sigov note que le modèle politique soviétique était « structurellement contradictoire ». D'un côté, l'URSS affirmait que l'éducation soviétique, les universités, les bibliothèques, l'Académie des sciences permettaient d'éduquer l'homme et de le rendre utile à la société. Mais le deuxième élément du modèle qui se profilait en arrière-plan était « le paradigme de l'État policier, le regard totalement méprisant que posent sur l'homme le NKVD, la GPU et le KGB ». « Leur idée est que l'homme est un animal qui a peur et qu'on peut totalement le briser, le transformer comme une masse plastique et soumise, à l'aide de la violence de l'État totalitaire », note Sigov. Pour lui, c'est « ce deuxième paradigme qui s'est mis à dominer totalement », quand la vision triomphante de l'être humain marchant vers l'avenir radieux s'est effondrée en même temps que l'URSS et son système d'éducation. « La culture a été dévaluée, et cela a affaibli les capacités de résistance de la société aux attaques du KGB. Par inertie on s'est mis à tout dénoncer, pas au sens de la critique responsable, mais dans un sens destructeur qui ne laissait rien debout », laissant « s'affirmer un regard méprisant sur l'homme et le fait qu'il est un salaud », mû par des intérêts cyniques, explique le philosophe.

Dans ce paradigme de l'État policier, qui s'est vu renforcé par la présence au gouvernail du clan tchékiste de Poutine, le pouvoir a tous les droits, et les individus, aucun. Droit à la violence, au mensonge généralisé. Droit au déshonneur, comme l'avait formulé avec prescience Dostoïevski dans son ouvrage prophétique *Les Possédés*, annonçant le nihilisme de la révolution bolchévique et ses meurtres de masse. Cela veut dire que dans l'espace où l'État policier opère, ce pouvoir peut tout se permettre.

C'est effectivement ce qui se passe dans la Russie de Poutine, mais aussi en Ukraine dans les territoires occupés et sur les champs de bataille, où cette bourrasque de violence et d'anomie se déploie parce le chef du Kremlin « estime qu'il a un bon droit total qui lui permet de commettre tous les crimes qu'il souhaite »… « Il se réclame d'une instance supérieure… une licence pseudo-divine qu'il impose de manière fanatique », explique Constantin

Sigov. Le philosophe ukrainien insiste beaucoup sur la question du mensonge d'État, que le régime russe pratique au quotidien pour désinformer son peuple et instiller en lui une haine viscérale des Ukrainiens et de l'Occident. « La destruction de la vérité est un ouragan qui emporte tout, car elle permet d'instaurer l'arbitraire en norme. La vérité fait en sorte qu'on ne te frappe pas, qu'on ne te torture pas », remarque Sigov. Il raconte comment l'activiste ukrainien Igor Kozlovski a passé 700 jours à l'isolement au Donbass, où il a été torturé sans arrêt par les séparatistes. « N'importe qui aujourd'hui peut se retrouver dans cette situation à Kyiv ou à Marioupol. Nous les Ukrainiens sommes devenus le corps physique qui témoigne du lien intangible entre la vérité et le droit. En perdant la vérité, on perd le droit à la vie, à la dignité. On devient des esclaves… C'est ce cauchemar que nous avons voulu fuir, nous les Ukrainiens », dit-il encore. Face au paradigme de l'État policier, « de l'option terroriste », comme dit Hanna Arendt, l'Ukraine a embrassé le paradigme de l'homme qui agit et résiste. Un paradigme dans lequel chaque Ukrainien a son rôle à jouer.

Tout divisé et malade qu'il soit, l'Occident qui somnolait a lui aussi fini par comprendre l'enjeu de cette gigantesque partie, et battu le rappel des troupes pour afficher son unité avec l'Ukraine. Sous le leadership américain, il s'est, malgré des divisions patentes, rassemblé, mettant en ordre de bataille un dispositif de sanctions sans précédent et engageant une révolution énergétique pour se défaire de la dépendance russe. Il s'est aussi lancé dans l'armement de l'Ukraine. Cette réaction résolue a pris de cours Vladimir Poutine, qui avait tablé toute sa stratégie sur notre faiblesse, sous-estimant les Occidentaux comme les Ukrainiens.

Mais ce n'est que le début car le monstre n'est pas vaincu, prévient Constantin Sigov, qui s'inquiète des divisions, de la tiédeur et de l'aveuglement persistant sur la nature du régime poutinien, qu'il sent percer dans les débats européens, surtout en France et en Allemagne. Ainsi critique-t-il sans ambages ces « réalistes » qui veulent à tout prix un accord avec le Kremlin et renvoient dos à dos les deux belligérants, comme si un trait d'égalité pouvait être instauré entre eux. « Leur présupposé est qu'ils sont à l'abri, alors que la scène européenne est déjà un Titanic », note Constantin Sigov. « Le gouffre est proche. Comprendre comment se défendre ensemble devient essentiel », avertit-il, mettant en garde contre « la corruption des esprits » par la machine de propagande du Kremlin, qui mène sa guerre hybride sur le terrain des opinions publiques européennes. En réalité, dit le philosophe, c'est le mélange de la solidarité européenne et de la résistance ukrainienne, qui permettra d'avoir militairement raison du dragon poutinien, puis de vaincre le poutinisme.

Constantin Sigov, qui a ressenti au plus profond de lui l'appel de la vie et de la liberté au milieu de ses compatriotes attaqués, est persuadé que l'émergence de l'Ukraine dans les circonstances que l'on sait est une chance pour l'Europe. Elle invite à trouver un nouveau paradigme, dans lequel les citoyens européens pourraient retrouver le sens de l'action et de la solidarité pour faire face à leurs problèmes internes. Constantin rappelle qu'avant la guerre, la société ukrainienne était elle aussi en état d'apathie profonde, mais qu'elle est allée puiser dans « les ressources souterraines de toutes les sociétés libres » pour retrouver le sens de la solidarité nationale. « Cette résistance au cynisme est comme un vaccin. Elle peut apporter une guérison, pas seulement en Ukraine mais aussi à travers l'Europe en crise… » suggère Constantin Sigov. Il évoque les journalistes français rencontrés sur le terrain de guerre qui lui ont confié combien leur société était atomisée, divisée, fragmentée. Mais qui ont aussi noté à quel point leur expérience du terrain ukrainien rendait limpide le choix qui devrait être fait. « L'esprit de résistance extraordinaire dont fait preuve l'Ukraine pourrait s'avérer contagieux et donner du courage à l'Europe engluée dans ses crises, comme à la société russe toujours sous le joug de l'autocratie poutinienne », insiste le philosophe. En opposition avec la conception russe de la forteresse assiégée qui se barricade ou envahit ses voisins pour les dominer, il parle de l'idée d'un archipel européen, mot désignant non seulement un groupement d'îles, mais aussi les mers qui les relient. « Les dictateurs ne sont pas tout-puissants même s'ils veulent nous en convaincre… Comme pour un téléphone mobile, la batterie du mal est aussi limitée », rappelle-t-il.

Mais il faut tenir la distance. Le philosophe de Kyiv raconte qu'il a publié sur son compte Facebook une mosaïque de l'Orante, cette Vierge Marie aux mains levées, qui se trouve à l'intérieur de l'église Sainte-Sophie de Kyiv. Il explique que selon le philosophe ukrainien Sergueï Krymski, qui fut son maître, ce geste de Marie est celui de Moïse quand il levait les bras afin qu'Israël ne perde pas la bataille contre les Amalécites, et qu'Aron et Hur l'aidaient à les tenir en l'air. « Nos mains fatiguent, on veut s'asseoir, mais il faut tenir, nous dit Sigov, car des choses fondamentales sont train de se décider. Soit la tragédie soviétique ouverte en 1917 se terminera, et on mettra une barrière à la fureur néosoviétique qui s'est réveillée, soit on replongera pour des décennies. »

Laure Mandeville

PREMIÈRE CONVERSATION

LES DICTATEURS NE SONT PAS TOUT-PUISSANTS MÊME S'ILS VEULENT NOUS EN CONVAINCRE

Sortir de la tragédie soviétique

Vous avez consacré votre vie aux idées. Et vous avez décidé de rester aujourd'hui dans Kyiv assiégée, pour témoigner de la résistance de votre peuple. Dire la vérité. Racontez-nous.

Nous sommes tout près de Kyiv, chez mon frère, avec ma mère de 93 ans, mon frère et mon fils. Le reste de la famille est à l'abri à l'étranger. Tous les soirs, je demande à mon fils Roman qui travaille avec des équipes de journalistes internationaux sur le front, où il va dormir. Hier c'était dans un couloir, entre des rangées de livres parce qu'il n'y avait plus de vitres. Cet immeuble se trouve près de la tour de télévision, près du site de Babi Yar (2), le mémorial des victimes juives de la Shoah par balles où est tombé un missile, près du métro Lukianiyvska. J'ai argué qu'il valait peut-être mieux dormir dans le métro car c'est une station très profonde… Tous les soirs, nous descendons dans les caves en sous-sol. Depuis le 24 février, on a installé des sacs de sable contre les fenêtres à l'extérieur, et empilé des livres à l'intérieur. J'espère que vous n'en aurez pas besoin à Paris, mais cela a sauvé des vies ici. Dans la maison d'à côté, des appartements ont été bombardés. On est près de l'église Sainte-Sophie de Kyiv, qui a 100 ans de plus que Notre-Dame-de-Paris, et que Staline déjà avait voulu démolir. Tous les jours, on se demande si une bombe tombera sur Sainte-Sophie et ses mosaïques du XIe siècle. Sur mon compte Facebook, j'ai publié une mosaïque de l'Orante, cette Vierge Marie aux mains levées. Le grand philosophe Sergueï Krymski, qui fut mon maître et enseignait l'histoire de la culture, a souligné que ce geste de Marie est celui de Moïse quand il levait les mains afin qu'Israël ne perde pas la bataille contre les Amalécites, et qu'Aron et Hur l'aidaient à les tenir en l'air. Il nous faut garder les mains levées, Européens et Ukrainiens. Nos mains fatiguent, on veut s'asseoir, mais il faut tenir. Car des choses fondamentales sont en train de se décider. Soit la « tragédie soviétique » ouverte en 1917 se terminera, et on mettra une barrière à la fureur néo-soviétique impériale qui s'est réveillée, soit on replongera pour des décennies. La rupture n'a pas eu lieu dans les années 1990. On a tous été absolument naïfs en Europe. On a pensé qu'on pourrait se passer du procès de Nuremberg du communisme, malgré les avertissements des dissidents Vladimir Boukovski et Vyatcheslav Tchornovyl (3). L'absence de procès a ouvert un chemin vers un retour au stalinisme, au poutinisme. La seule issue pour sortir de cette impasse est un procès, dont la France, pays des droits de l'homme, devra prendre l'initiative. C'est la seule manière pour que les choses ne glissent pas vers une forme de revanchisme émotionnel. Nous, les Ukrainiens, ne voulons pas de russophobie, nous réclamons la justice.

Quand rien d'humain ne reste

Poutine avertit « les nationaux-traîtres » de l'intérieur qu'ils seront purgés. Un retour à l'essence du stalinisme…

Ce mouvement vers la violence et le passé se produit car le régime de Poutine n'a rencontré aucun obstacle réel. Pour juger les crimes du poutinisme, il aurait fallu qu'il y ait une qualification précise du stalinisme, travail fait par l'organisation Memorial. Sa fermeture officielle en décembre était un signal de la guerre qui approchait.

Mais le vocabulaire de Poutine sur les traîtres traduit aussi ce dont il a peur. Car c'est lui qui a trahi son peuple et l'humanité ! En Ukraine, nous avons suivi avec beaucoup d'attention le 700e anniversaire de la mort de Dante. Dans le chant 33 de la *Divine Comédie*, Dante décrit une scène de l'enfer avec des gens qui mangent et boivent lors d'un festin. Mais leur âme est déjà en enfer ! Cela veut dire qu'ils ont commis un crime tellement horrible que rien d'humain ne reste en eux. Un démon est entré dans leur corps. C'est une transformation étrange, quand un être humain semble être devant toi mais qu'il a déjà trahi sa nature. C'est ce qu'on voit avec Poutine. Un jour, un tribunal devra juger de sa responsabilité personnelle dans l'explosion inexpliquée d'immeubles à Moscou en 1999, qui ont déclenché le deuxième conflit en Tchétchénie, dans la menée de la guerre du Caucase elle-même, dans l'assassinat d'Anna Politkovskaïa (4) et d'autres opposants ou rivaux, puis dans l'invasion de l'Ukraine. Ce procès montrera un criminel en série. La question est de savoir quand sera mis un terme à ce Mal.

Le Président Biden parle de Poutine comme d'« un criminel de guerre ». Mais il est toujours au pouvoir et semble annoncer une nouvelle ère de terreur.

Personne ne peut en effet prédire la durée de ce régime. Mais je peux vous dire qu'en 2014, pendant la révolution de Maïdan, personne ne savait qu'à un moment, le dictateur s'enfuirait. Ce moment s'est produit parce qu'en réalité, les dictateurs ne sont pas tout-puissants, même s'ils veulent nous en convaincre ! À quel moment se produit l'autodestruction du mal, nous ne le savons pas. Mais ce moment viendra. Comme pour un téléphone mobile, la batterie du Mal est elle aussi limitée. La compréhension que cette limite existe nous aide à vaincre la peur, qui mène de mauvaises décisions.

En Russie, il existe des gens qui rêvent aussi de mettre fin à ce pouvoir. Les voyez-vous comme des frères de combat malgré la guerre contre l'Ukraine ?

Il ne faut pas renoncer à la thèse clé selon laquelle ce combat n'est pas seulement le nôtre mais le leur. Car cette thèse mobilise l'esprit de raison et l'humanité que le régime de Poutine veut détruire. Toute personne qui dit ouvertement qu'elle est contre la guerre est un allié du monde libre. Je sais qu'il y a beaucoup de gens en Russie qui l'ont fait, quand la foule russe s'est mise à crier « la Crimée est à nous » en 2014. Ils ont dit que c'était un crime contre le droit international et une annexion. Ainsi mon université, l'Académie Mohyla, a-t-elle fait docteurs honoris causa le philosophe Andreï Zubov et l'écrivain prix Nobel Svetlana Alexievitch après leur dénonciation de la guerre. Mais il y a un autre versant à votre question qu'on ne peut laisser entre parenthèses. C'est le piège intellectuel dans lequel tombe souvent l'intelligentsia russe qui sépare la culture et la politique. Le geste de Thomas Mann qui quitte l'Allemagne nazie pour protester contre le Mal est de grande actualité. Car nous n'avons pas encore vaincu ! De ce point de vue, si un chef d'orchestre refuse de condamner la guerre, je pense qu'on ne doit pas autoriser ses spectacles.

Vous parlez ici du rôle clé du positionnement moral de chacun.

Ce moment clé pour l'espace post soviétique, et plus largement européen, va consister à passer à un nouvel éthos, qui forcera à ne pas séparer la nécessité de distinguer entre le bien et le mal, de toute action culturelle. En son temps, le célèbre écrivain Nadejda Mandelstam avait étonné nombre d'intellectuels soviétiques par le ton catégorique avec lequel elle parlait « des mangeurs d'hommes », « des criminels » du régime de Staline, qui avaient tué son mari. Elle disait qu'il n'était pas possible d'échapper au jugement éthique, quelle que soit la virtuosité d'un trille. Nadejda Mandelstam avait compris que la tentation de l'intelligentsia russe était de dire : oui on a tué Ossip Mandelstam, mais on peut aussi vanter les mérites du régime, accepter une double pensée orwellienne.

Le paradigme impérial est en train de se briser en Ukraine

Assistons-nous au dernier coup de queue du dragon impérial russe ?

Oui, le paradigme impérial est en train de se briser ici en Ukraine. Mais très peu de Russes sont prêts à le reconnaître. Dans le livre *Le Silence de la Mer* de Vercors, l'officier allemand a un respect pour la culture française. Il ne pense pas que la culture de Goethe soit supérieure à la culture française. C'est quelque chose qui manque aux Russes, à cause de l'arrogance impériale, même chez beaucoup de ceux qui sont contre la guerre et nous soutiennent. Rares sont les intellectuels russes qui essaient d'étudier l'histoire de la culture ukrainienne, de connaître notre littérature, d'écouter les peuples qui ont souffert de l'empire à part eux-mêmes. La fin de l'empire ne pourra venir que s'ils s'intéressent aux autres peuples, comme le faisaient le dissident Andreï Sakharov ou le général Piotr Grigorenko. Il faut exiger qu'ils jugent la guerre et s'impliquent dans l'évaluation des erreurs qui ont été faites. Mais la première chose à faire, c'est d'abord de gagner la guerre pour préserver l'Ukraine démocratique. Ensuite il faudra vaincre le poutinisme. Car la sécurité réelle de Paris et Kyiv surviendra seulement quand ce régime criminel tombera. Tous les pays démocratiques vont devoir faire des sacrifices pour que la démocratie l'emporte.

Qu'est-ce qu'Hanna Arendt appelait « le trésor caché de la résistance » ?

De quels sacrifices parlez-vous ?

On va devoir vivre plus sobrement, sans le gaz russe aussi. Mais on respectera plus nos propres pays si on prend ce chemin difficile. La veille de la révolution de Maidan, on avait à Kyiv l'impression d'une société amorphe, qui énervait tout le monde. On était encore plus remontés que les Français ne le sont aujourd'hui contre leur pays. Cela a donc été une grande surprise quand le réveil national s'est produit. Cela a montré que dans ses profondeurs, chaque société libre, même anesthésiée, recèle des ressources qui restent longtemps souterraines, comme certaines rivières, puis soudain, surgissent au grand jour et surprennent tout le monde, pas seulement les dictateurs comme Viktor Ianoukovitch et Vladimir Poutine. Puis soudain sur la place Maïdan, on a réalisé qu'on était une république, qu'on pouvait être solidaires comme jamais, on a découvert nos voisins de palier, d'immeuble, une transformation totale de perspective s'est produite. Et cela recommence aujourd'hui. On avait critiqué avec mépris les maires jadis pro-Poutine de Kharkiv et d'Odessa, mais ils sont maintenant les meilleurs patriotes, solides comme des montagnes.

Qu'est-ce qu'Hanna Arendt appelait « le trésor caché de la résistance » ? En France, aussi, il a existé pendant la

Résistance et il peut revenir. On l'a vu apparaître à Prague en 1968, et à Budapest en 1956. Cette qualité propre à chaque pays européen rejaillit quand le sujet devient la vie et la mort ! Savez-vous qu'à Kyiv sont nés plus de 800 enfants sous les bombes, dont 12 paires de jumeaux ? Aujourd'hui, je ressens physiquement la force incroyable de la vie, de la résistance qui ne pourra être arrêtée. C'est l'élan vital de Bergson. Chacun peut devenir un Churchill. Les Européens avaient oublié le goût de la liberté, ils avaient l'illusion que c'était un acquis. Mais avec cette guerre, ils doivent réaliser que c'est une valeur inestimable.

La destruction de la vérité est un ouragan qui emporte tout

La question de la vérité est un élément clé. En Occident où l'information est pourtant libre, beaucoup se laissent envelopper par le mensonge.

C'est la question clé. La machine de propagande poutinienne s'est en effet attaquée à tuer tout goût de la vérité chez elle et en Europe. Ce qu'on entend ici, sur le fait qu'il y a de la propagande d'un côté comme de l'autre, est un procédé typique de Poutine pour démontrer qu'il n'y a pas de vérité. Or, je rappelle qu'il y a une asymétrie radicale : les citoyens russes n'ont pas été attaqués. Ceux qui meurent sont les citoyens d'Ukraine, les femmes, les enfants, les vieillards. La vérité est très vulnérable, car tout a été fait pour la détruire, pour vivre dans la « post vérité ». Le phénomène Schröder (ex-chancelier allemand qui a rejoint le board de Gazprom) ou le phénomène des entreprises françaises qui continuent leurs activités en Russie malgré la guerre, en sont l'expression. Or, dans la langue russe, la *pravda*, la vérité, c'est aussi la loi. Quand Poutine et son équipe rejettent la vérité, ils le font parce qu'ils veulent vivre dans l'arbitraire. Les Occidentaux pensent que ce n'est pas si grave, que cela n'a rien à voir avec le socle du droit. Ils ne comprennent pas que la destruction de la vérité est un ouragan qui emporte tout car elle permet d'instaurer l'arbitraire en norme. La vérité fait en sorte qu'on ne te frappe pas, qu'on ne te torture pas. J'ai passé la journée hier avec l'activiste Igor Kozlovskiy qui a passé 700 jours à l'isolement au Donbass et a été torturé sans arrêt par les séparatistes (5). N'importe qui peut se retrouver dans cette situation aujourd'hui à Kyiv ou Marioupol. Nous, les Ukrainiens, sommes devenus le corps physique qui témoigne du lien intangible entre la vérité et le droit. En perdant la vérité, on perd le droit à la vie, à la dignité. On devient des esclaves. Tout cela me ramène à l'Europe comme « dernière utopie ». La part vulnérable de cette utopie vient de sa profonde ambiguïté. Car certes, l'UE a agi comme un aimant qui a attiré la Hongrie, la République tchèque, la Pologne et les autres.

Mais c'était un moment narcissique. Il y avait un angle mort car les Occidentaux ont accepté que l'ex-URSS vive selon d'autres règles. Ils pensaient vivre dans la même époque que l'ex-URSS, mais dans des espaces différents, alors que c'est l'inverse. Nous vivons dans le même espace, mais à des époques différentes, puisqu'à trois heures et demie de Paris, on peut bombarder et torturer. Le temps historique est différent. Mais c'est notre espace européen ! Dans cet espace, une partie des pays n'ont pas passé l'examen de la démocratie, et n'ont pu réussir à se débarrasser de la tyrannie de Poutine et de Loukachenko. Le fait que nous ayons permis cet anachronisme mène aujourd'hui à ce que nous nous retrouvions chargés de la responsabilité d'en répondre.

Mais les Européens l'ont-ils compris ? On les a vus interpréter 1989 comme le début de la post Histoire, ils se sont mis à désarmer !

Tout à fait. Mais il me semble qu'on assiste depuis le 24 février à une réévaluation radicale de cette utopie européenne. Il devient évident que la centrale de Tchernobyl, celle de Zaporijjia, mais aussi Kyiv, Kharkiv, c'est l'Europe, et qu'il faut prendre le taureau par les cornes, comprendre que nous ne pouvons arrêter cette tragédie qu'ensemble. Il y a unité de lieu. N'ayant jamais pardonné la transformation de l'empire soviétique en champ de ruines, Poutine veut voir les décombres de l'Union européenne. C'est une sorte de revanche à la Néron, qui met le feu à notre civilisation.

La résistance ukrainienne et la solidarité européenne peuvent vaincre l'obsession impériale russe

Mais comment faire pour venir à bout de ce régime ? Sera-ce l'information qui ébranlera ce régime ? L'Ukraine aura-t-elle un rôle clé pour répandre la vérité en Russie ?

Cela fait déjà un moment que les médias russes les plus libres ont déménagé à Kyiv. L'un des éléments essentiels devra être de dire qu'il y a une frontière et un ennemi : un régime, qui veut nous détruire. Il faut reconnaître que la frontière de la démocratie européenne passe *de facto* sur la frontière est de l'Ukraine démocratique. C'est le seul moyen de débarrasser la Russie de sa tentation impériale, de faire comprendre aux têtes bouillantes du pouvoir russe que la frontière de la Russie s'y arrête. Car sans l'Ukraine, la Russie sera obligée de dire adieu à l'empire. Ensuite, cette frontière deviendra celle qui permettra à la Russie de se libérer à son tour de ce qui a créé le poutinisme. Nous ne voulons pas de revanche et ne devons pas avoir de volonté d'isoler. Mais nous refuserons l'aveuglement volontaire face au Mal. Par exemple, la vente de moyens optiques militaires à la Russie, comme l'a fait la France depuis l'invasion de la Crimée, ne doit plus être possible. Dans ces temps de ténèbres, comme le disait Hanna Arendt, il va falloir s'orienter différemment pour que nous allions tous vers la liberté, eux et nous. La liberté est indivisible, mais il ne faut plus tricher.

Comment expliquer le soutien de millions de Russes à la guerre de Poutine ?

L'un des philosophes les plus respectés de Russie, Anatoli Akhoutine, a écrit récemment que le principal ressort de la machine de pouvoir de Poutine est la corruption des esprits. Il lave le cerveau des uns avec la propagande télévisée, et aujourd'hui cette corruption vise aussi les Européens. Si ça marche, il intimidera, achètera… Cela veut dire qu'on ne peut s'occuper de politique sans inclure une composante éthique, car il s'agit d'un pouvoir criminel infiniment plus dangereux que la mafia, avec trois générations d'expérience de l'utilisation de tous les leviers répressifs du FSB et de l'armée.

D'où l'absolue incompréhension des « réalistes » qui invoquent la realpolitik…

Ils utilisent ce « réalisme » car leur présupposé est qu'ils sont à l'abri, alors que la scène européenne est déjà un Titanic. Ce sentiment de sécurité trompeur, qui mène les

Européens à penser que les États-Unis garantissent notre sécurité tout en les détestant pour cela, ne tient plus. Si nous continuons à vivre dans cette illusion, la garantie de sécurité sera donnée par un dictateur qu'il faudra servir servilement. Le gouffre est proche. Comprendre comment se défendre ensemble devient essentiel. Il y a une vraie chance qu'un changement puisse naître en Europe et que nous assistions à l'agonie du pouvoir russe actuel, car politiquement et civiquement, Poutine a déjà perdu cette guerre. Mais ce n'est pas donné d'avance. Il existe aussi un risque réel que notre couardise, notre inertie et notre incompréhension puissent faire avorter la chance qu'offre la résistance ukrainienne. La résistance ukrainienne et la solidarité européenne peuvent mettre un coup d'arrêt à l'obsession impériale russe.

DEUXIÈME CONVERSATION

RETOUR DE L'HOMME ROUGE, RÉSISTANCE DE L'HOMME ORANGE

Fuir le dragon néototalitaire

L'une des choses les plus frappantes que révèle spectaculairement la guerre néo-impériale de Poutine en Ukraine, c'est que l'homme rouge n'a pas disparu. Le passé n'est pas passé. La Russie est toujours dans les décombres du communisme. L'autre chose tout à fait frappante, c'est que l'Ukraine, elle, a voulu sortir de ces décombres. Elle veut fuir ce dragon qui se reconstitue et qui a à nouveau avalé la société russe…

La chose capitale à comprendre, c'est que Poutine et le Kremlin se sont sentis bousculés, menacés par la révolution orange (6). La vraie étape décisive dans cette histoire de libération, de volonté de sortir de la « période rouge », c'est la révolution de « l'homme orange », si je puis m'exprimer ainsi. Ce moment clé, où la société ukrainienne a refusé les élections falsifiées et réclamé la vérité sur le vote en descendant par millions dans les rues du pays.

Quand je suis allé ensuite à Moscou donner une conférence en 2004, une fois les évènements passés, je me souviens que les intellectuels Olga Sedakova et Alexandre Arkhangelski m'ont accueilli avec des écharpes orange autour du cou. Mais cette révolution orange, cette couleur orange, a été perçue comme un chiffon rouge par le pouvoir russe. On s'est mis à parler en Russie d'une révolution orange qui guettait Moscou et la télévision russe évoquait même le danger des « orangistes » ! Cette couleur est prise au sérieux, elle dérange l'*Homo sovieticus* et l'*Homo post sovieticus* car elle implique un mode de vie différent. Ce n'est pas un mode de vie parisien, mais c'est une autre synthèse, une ouverture qui dérange.

Naïvement, nous avons pensé que cette ouverture de Kyiv permettrait d'ouvrir des portes à la fois à l'Est et à l'Ouest. J'ai invité pour ma part de grands penseurs et auteurs russes européens à l'Académie Mohyla à Kyiv, qui renaissait de ses cendres. Notre maison d'édition L'Esprit et la Lettre, *Dukh i Litera*, a ainsi publié Sergueï Averintsev (7), l'un des plus grands intellectuels russes, le meilleur selon moi. Nourrissant l'éthos d'accueil de l'altérité, nous avons publié Ricœur, Levinas, Hanna Arendt et d'autres pour faire une synthèse qui ne vise pas seulement à toucher quelques milliers d'intellectuels mais qui marque la société civile dans son ensemble. Nous voulions que les dissidents de l'époque soviétique aient une voix centrale à Kyiv – pas marginale comme à Moscou. J'ai donc invité systématiquement des penseurs de l'altérité, et notamment Viktor Jivov, qui enseignait à Moscou et Berkeley. Quand elle est venue en Ukraine, Olga Sedakova nous a confié qu'elle ne s'attendait pas à ce que Kyiv soit si transformée, si européenne. « C'est nous, mais transformés ! » disait-elle. Et nous, nous avons pensé de manière idéaliste que cette ouverture ukrainienne, cette révolution des esprits, serait un aimant qui pourrait faire exemple. Mais cela n'a pas été le cas. Pour Viktor Tchernomyrdine, ambassadeur russe à Kyiv, par exemple, cette orientation n'était pas du tout attirante, elle représentait un danger ! Il était occupé à acheter des immeubles et des terres en Crimée, et notamment autour de Sébastopol pour renforcer la présence économique russe dans la presqu'île. En réalité, notre erreur d'appréciation révélait que nous étions orgueilleux de penser que « notre musique » plairait à ceux qui étaient habitués à une musique plus « militaire ». Eux n'ont vu dans cette ouverture que notre vulnérabilité.

La vodka impériale, ce mix totalement explosif, qui a cassé les meilleures têtes

C'est très intéressant cette idée de « l'homme rouge » de la Russie poutinienne confronté à l'homme orange d'Ukraine. L'ex-URSS reste en effet un espace où persiste l'homme rouge avec ses souvenirs, ses habitudes. Certains pays comme les Baltes ont pu s'affranchir de cette identité en se définissant par opposition à la Russie, et c'est ce qui se passe en Ukraine. Mais la difficulté de l'homme rouge en Russie, c'est l'addition de l'héritage de l'empire *et* du stalinisme. C'est comme une double peine ! Et c'est en cela que l'Ukraine est très différente. L'Ukraine veut émerger en tant que nation, c'est un processus de décolonisation, qui tend à casser l'empire, pas seulement matériellement mais psychologiquement. Mais le mouvement de l'Ukraine tel qu'il apparaît avec la révolution orange ne traduit pas seulement l'émergence de la nation. C'est le choix de la liberté politique, de la décommunisation, de la déstalinisation, de l'affirmation de la société civile, même si les Ukrainiens continuent à vivre toutes les maladies du post communisme : la corruption, le népotisme, le maximalisme politique du vainqueur qui veut tout prendre. Pour résumer, la Russie n'est-elle pas prisonnière du passé soviétique parce qu'elle est hantée par l'idée impériale,

qui rend la rupture avec l'*Homo sovieticus* encore plus compliquée qu'ailleurs ?

Oui, l'impérialisme joue un rôle clé. Et nous, les Ukrainiens, nous n'avons jamais été prisonniers de cette idée impériale. Nous n'avons pas cette partie du mélange. C'est comme quand on boit de la bière et de la vodka. Nous on est restés à la bière. Pas la vodka impériale, ce mix totalement explosif, qui a cassé les meilleures têtes, car même les gens les plus intelligents cèdent à cette folie impériale. Regardez le poète Joseph Brodsky (8), en colère contre l'Ukraine indépendante. Ce grand dissident n'en a pas moins laissé un poème impérialiste, dénonçant à la fois Staline, le soviétisme mais aussi l'Ukraine ! Cet ingrédient impérial rend plus faible la résistance au totalitarisme. C'est comme un virus qui efface le disque de la mémoire. On n'en a pas trouvé l'antidote. C'est la raison pour laquelle j'ai cité Averintsev. Averintsev était une exception totale à ce discours impérial. Il faut avoir lu ses traductions de l'hébreu, de l'arménien, de l'ukrainien. Averintsev s'est transformé en passeur d'autres cultures. J'ai proposé qu'il devienne professeur honoris causa de notre université. La condition *sine qua non*, pour recevoir la toge, était qu'Averintsev accepte de prononcer son discours en anglais. Il a accepté de parler anglais, et reçu son diplôme. Mais beaucoup, dont Tchernomyrdine qui était alors ambassadeur de Russie, ont demandé pourquoi on était obligé de parler dans une autre langue que le russe ! Averintsev comprenait que c'est un geste de décolonisation nécessaire, mais la plupart des autres Russes ne comprenaient pas, ils s'indignaient et affirmaient que leur langue devait être honorée partout. Tout cela pour dire que cette question de la décolonisation doit être prise au sérieux et analysée. C'est un sujet très sensible. Si on ne veut plus perpétuer cette inertie impériale, on doit être plus prudent dans nos gestes culturels, cesser d'être naïfs afin que la langue russe ne soit pas un véhicule de l'empire. Une remarque d'ailleurs à ce sujet : dans quelle autre culture parle-t-on de « la grande langue » russe, « la grande culture russe »… Parle-t-on de la « grande culture » française ou de la « méga culture » allemande ?

C'est une bonne remarque mais cela dit, n'oublions pas que les Français appelaient la France et la pensaient jusqu'en 1918 comme la « Grande nation ». C'est peut-être ce qui nous rapproche des Russes et fait que nous avons sous-estimé autant l'Ukraine ? Il ne faut pas oublier que les Français ne cessent de répéter que « la Russie est un grand peuple ». Sous-entendu : nous aussi ! Cela me rappelle d'ailleurs une interview du journaliste Mikhaïl Zygar, avec l'ancien Président Aleksander Kwaśniewski que j'ai écouté il y a quelques jours. Kwaśniewski y faisait état de ses conversations avec Poutine, qui lui avait expliqué, dès 2002, ce qui est très significatif, qu'il se plaçait

dans le sillage de la « grande Russie impériale ». Il affirmait avoir pour but de la reconstruire, et exprimait sa prédilection pour Pierre le Grand, Catherine II et Joseph Vissarionovitch (c'est-à-dire Staline) ! Kwaśniewski a ajouté que la « grandeur » était un élément fondamental de la manière dont les Russes se perçoivent. Puis il a ajouté qu'il n'y avait pas que les Russes. Jacques Chirac, quand il l'avait rencontré lors d'une visite en Pologne, lui avait répété que certaines choses ne pourraient être faites car elles porteraient atteinte à la grandeur de la France. Cela l'avait frappé et cela explique sans doute le sentiment de proximité des Russes et des Français... Pour revenir à l'Ukraine, n'y a-t-il pas finalement quelque chose d'autant plus compliqué dans la relation explosive entre l'Ukraine et la Russie, que la décolonisation est perçue aux yeux des Russes comme une trahison ? L'Ukraine, si elle ose se penser en tant que culture indépendante et langue indépendante, est immédiatement vue comme une anti-Russie.

Des antennes sur les toits d'Ukraine

Il y a deux éléments politiques, sociaux et historiques importants à prendre en considération. D'abord, une bonne partie de la « Grande Ukraine » n'était pas soviétique jusqu'en 1939. Une génération entière d'Ukrainiens a vécu jusqu'en 1939 sans être soviétisée, sans passer par la grande famine et par les purges, par tout ce qu'on a vu en Russie et dans l'autre partie de l'Ukraine dans les années 1920 et 1930. Aujourd'hui même, en Ukraine occidentale, et par conséquent aussi à Kyiv, on a le souvenir très clair du fait que beaucoup de parents et grands-parents ont grandi dans un pays qui n'était pas l'Union soviétique et était même antisoviétique. La guerre entre la Pologne et les Bolcheviks, entre 1919 et 1921, était une guerre contre l'armée rouge dont nous avons le souvenir concret. À l'inverse, les gens à Moscou rappellent toujours que malheureusement, après trois générations, la mémoire vivante d'un mode de vie antérieur au pouvoir soviétique a été éradiquée par « le coup d'éponge » du « Nouveau Monde » communiste.

L'autre chose importante à comprendre, est qu'une grande partie de l'Ukraine est voisine de la Pologne, de la Slovaquie, de la Roumanie, de la Moldavie. Cela veut dire qu'il y a une diversité concrète chez nous et autour de nous : beaucoup de familles mixtes, des radios et télévisions qui traversent la frontière. Je peux te donner l'exemple du leader de la dissidence juive locale qui s'appelait Josef Zissels (9), et qui a passé 10 ans dans les camps soviétiques. Je peux raconter comment il a commencé la dissidence. Il était né à Tchernovtsy, ville de Paul Celan (10) et de tant d'autres grands intellectuels juifs.

Il était physicien et mettait des antennes sur les toits des maisons de la ville pour entendre les radios venant de Roumanie et de Pologne. Pour moi, c'est tout à fait symbolique, cette idée d'installer des antennes pour entrer en contact avec les voisins.

L'Ukraine des catacombes

Une sorte de libération par l'esprit, comme le projet de Radio Liberté ?

Exactement. C'est l'idée d'entendre d'autres voix ! Pas seulement celles de Radio Moscou et de la Pravda. Ces anciens dissidents, souvent originaires d'Ukraine occidentale, ont joué un rôle très important et continuent de le jouer. Ils ont dix ans de plus que nous et sont en pleine activité ; ils continuent de jouer un grand rôle comme leaders d'opinion. À ce sujet, il faut mentionner les répressions qui ont frappé l'Ukraine occidentale après son rattachement forcé, et notamment celles qui ont touché la grande communauté des gréco-catholiques, qui ont été en résistance, dans « les catacombes », de 1946 jusqu'en 1990. Cela concerne une communauté de plusieurs millions de personnes. On connaît le rôle joué en Pologne par l'Église catholique. D'une certaine manière, c'est la même chose. Ces croyants gréco-catholiques prêchaient, ils résistaient. La grande majorité des séminaristes de

Moscou et de Saint-Pétersbourg provenaient même d'anciennes familles grecques catholiques. Moi, j'ai ignoré cette réalité-là jusqu'en 1990. J'ai découvert que des millions de membres de cette communauté avaient souffert des répressions quand la glasnost gorbatchévienne a délié les langues et les esprits. Tu t'étonnais de l'émergence de l'homme orange. Mais en réalité, tous ces gens-là n'étaient jamais devenus des hommes rouges (11), des *Homos sovieticus* (12), ils étaient antisoviétiques depuis le début. Parmi eux, il y avait Josyf Slipyj (13), grand leader de cette communauté, qui avait été envoyé au goulag et libéré dans les années 1960. Quand il a été libéré par Khrouchtchev, il est devenu cardinal et a fondé une université à Rome, devenant le leader de toute la communauté ukrainienne en Occident, de l'Europe au Canada ! C'était un homme haut de deux mètres, parlant couramment français, anglais et latin. Il y a un film américain qui raconte l'histoire de cette figure majeure de notre culture ukrainienne et est-européenne. Il faut imaginer le collège des cardinaux à Rome écoutant ce géant qui parlait latin couramment ! C'était quand même assez étonnant. Je donne cet exemple, parce qu'il raconte une réalité qui a attiré ensuite toute la diaspora ukrainienne vers Kyiv, dès la perestroïka. Il ne faut pas oublier que dès 1988, on a fêté à Kyiv les 1 000 ans du baptême de l'Ukraine. J'ai vu de mes yeux, sous un orage, défiler des cardinaux, des anglicans et beaucoup d'autres religieux invités pour l'occasion. J'étais étudiant à l'Institut de philosophie et je regardais alors cette procession avec étonnement, sans comprendre la valeur symbolique qu'elle revêtait. Dès lors, on a vu des centaines de journalistes occidentaux d'origine ukrainienne, qui connaissaient la langue, converger vers Kyiv. Ils travaillaient à établir des contacts avec Radio Liberté, mais aussi des échanges culturels et intellectuels. La réouverture de l'université Mohyla en 1991 s'est faite en lien avec l'Institut ukrainien de Harvard, dirigé par Roman Szporliuk, un homme d'une grande intelligence et d'une grande douceur. Aujourd'hui c'est Sergej Plokhij qui le remplace. Cette connexion entre Harvard et l'Académie Mohyla a été très importante, car depuis 30 ans, toute l'intelligentsia ukrainienne a été formée par une institution, notre Académie, qui n'avait jamais été soviétique. Nous avons partout à Paris et ailleurs en Europe, des centaines de gens qui sont nos anciens étudiants. J'ai participé à la refondation de cette université. C'est à cette époque-là aussi que se sont noués tous mes liens avec l'École des Hautes études en sciences sociales où j'ai rencontré Derrida, Bourdieu, et bien sûr Paul Ricœur. Et je l'ai invité à Kyiv en 1993 à ouvrir l'année académique. Tout cela s'est fait naturellement. En contrepoint de toutes ces retrouvailles, quand j'ai publié un livre de Svetlana Alexievitch en ukrainien, j'ai été étonné de l'entendre dire qu'elle percevait la persistance, tout autour d'elle, de l'*Homo sovieticus*. Elle reconnaissait même être sous influence de « l'homme rouge ». Cela m'a stupéfié. Je ne voulais pas croire que ce fantôme puisse hanter encore même les meilleurs esprits. Je sous-estimais son impact.

*La victoire de l'*Homo dignus *sur l'*Homo sovieticus

Il me semble que cela s'explique par le fait qu'elle a conscience de rester totalement imprégnée de l'expérience soviétique. C'est cela qui l'intéresse dans son ouvrage et qui explique qu'elle en parle si bien. Il me semble que pour elle, ce n'est pas seulement un concept politique. L'homme rouge, c'est aussi une communauté de destins, de souvenirs, d'expériences, pas une acception seulement négative. Elle en parle avec une forme d'émotion, comme de quelque chose en quoi les gens ont cru, et qui s'est effondré. Et le désarroi créé par l'effondrement de leurs certitudes, les nostalgies, font partie de ce qu'elle appelle l'Homme rouge, finalement. C'est comme si elle ne pouvait complètement les renier, parce qu'elle les comprend trop bien et se sent parmi eux.

Trop souvent l'homme soviétique n'a pas été en mesure de faire la distinction capitale d'Hanna Arendt, qui insiste sur la capacité de juger. Anna Akhmatov distinguait la

Russie qui était derrière les barreaux et celle qui mettait les gens en prison. Ce sont quand même deux cas de figure très différents ! J'ai eu pour ma part dans ma famille, beaucoup de gens qui ont fait de la prison, qui sont passés par le goulag. Il est donc pour moi indispensable de faire cette différence. Mais dans l'imaginaire soviétique, on a un grand mélange.

Oui, tout est mélangé. C'est un peu comme une lave, un grand magma, toujours en fusion, en mouvement, et qui n'a pas fini de s'éteindre.

Oui, et en ce sens-là, j'insiste moi, en tant qu'ukrainien, et aussi comme kiévien (car c'est surtout ainsi que je me définissais en 1991), pour dire que nous résistons de toutes nos forces à l'inertie de l'*Homo sovieticus*. Notre idée est de couper avec cet univers-là, et de nous diriger, à travers « la révolution de la dignité » de Maïdan, vers un « *Homo dignus* ». C'est une autre anthropologie, un autre type d'enseignement, une autre approche des enfants, des étudiants, et aussi du pouvoir.

Mais est-ce que justement, vous n'avez pas buté sur la limite de cette tentative collective, sur une difficulté majeure, qui est que la société est en avance sur le pouvoir. Si on regarde la réalité du pouvoir ukrainien, en tout cas tel qu'il se présentait jusqu'à la guerre qui commence

le 22 février, cela ressemble plus à l'*Homo sovieticus* qu'à une nouvelle anthropologie. L'Ukraine a réussi à maintenir une forme de vrai pluralisme, de vraie liberté, que défend farouchement la société, mais sur les ruines du communisme, on a aussi vu émerger un pouvoir rongé par une corruption galopante et dominé une oligarchie ultrapuissante qui relèvent plus de la maladie du post communisme, que du modèle européen.

Tout cela montre de manière très explicite toutes les faiblesses et les maladies de la situation sociale post soviétique. Mais le fait que plusieurs millions de gens soient en train de vivre ce contraste, de connaître le mode de fonctionnement de nos voisins, c'est-à-dire des pays de l'Union européenne, va nous aider. Il faut lutter par exemple contre la corruption, le fonctionnement tout à fait critiquable des universités fantômes et bâtir sur l'exemple des bonnes universités comme l'Académie Mohyla ou l'université de Lviv. Il y a donc un immense travail, un immense champ de réformes économiques, culturelles et sociales devant nous. Mais il y a deux faits majeurs qui donnent espoir : d'une part le fait que nous ayons toujours eu des élections qui ont permis un changement de pouvoir. Personne n'a eu la possibilité d'être réélu plus que deux fois. Le deuxième élément clé est que nous avons toujours eu des médias libres. La vérité pouvait être dite même si des journalistes ont dû souffrir, parfois mourir pour cela comme le reporter Gueorgui Gongadzé. Notre avantage est que nous avons une société civile plus forte que l'État. Ce dernier n'est pas si puissant qu'il puisse écraser cette société. Les révolutions orange, l'épisode de Maïdan sont la manifestation de cette réalité. Au moment critique, c'est cette société civile qui s'interpose et renverse un pouvoir d'État qui imagine jouer un rôle à la Biélorusse. Le scénario « Loukachenko » s'est avéré impossible. Par ailleurs, il y a des partis réels au parlement, des députés qui sont partie prenante à la révolution de Maïdan, des chaînes de télévision qui ont couvert ce qui se passait sur la place de l'Indépendance en toute liberté. Bref, il y a toujours une partie de la société qui sait dire non, qui résiste à la prétention de monopoliser la chose publique. Je dirais qu'après la guerre, ce phénomène deviendra encore plus fort. Le fait que beaucoup de gens aient donné leur vie depuis 2014 a créé une autre société. Nous n'avons peur de personne ! Cela veut dire que quand au centre de Kyiv, des policiers commencent à pratiquer la violence, le peuple ne se disperse pas mais va au contraire faire bloc pour empêcher la répression. Il y a désormais des habitudes sociales qui empêchent la confiscation du pouvoir. C'est ce qui s'est produit pendant la révolution de Maïdan. Quand des étudiants ont été réprimés par la police, des millions d'Ukrainiens sont descendus dans la rue.

En Ukraine, contrairement à la Russie, il n'y a pas de peur de l'État

Justement, c'est un point capital. En Russie, on voit bien que la société civile peine à émerger, d'aucuns comme l'intellectuel Victor Chenderovitch pensent carrément qu'elle n'existe pas, sinon dans quelques îlots complètement isolés, atomisés. Comment expliquer cette capacité de l'Ukraine à résister en tant que société civile ? Est-ce parce que le pouvoir d'État n'est pas le même, ou que la société s'est constituée différemment ?

Le pouvoir d'État n'est pas le même, le rôle du KGB n'a jamais été important depuis 1991. Nous n'avons peur de personne. La peur face aux spetsnaz et à la police est une grande absente en Ukraine. Il n'y a pas cette peur de l'État, alors qu'en Russie, trois, voire quatre générations de personnes ont été élevées dans la peur de l'État. C'est « dans leurs os », dans leur mémoire collective, comme le disent eux-mêmes les Russes. Chez nous, c'est l'inverse, on n'a pas du tout peur de l'État. C'est au contraire la faiblesse de l'État ukrainien qui prévaut. On est peut-être presque trop anarchiques, on n'a pas de respect pour les institutions étatiques, pour l'idée de la violence légitime de l'État, qui est chez nous toujours mise en question. Pour Max Weber, l'État c'est la violence légitime. Mais pour les Ukrainiens, il y a une grande question : est-ce que cette violence est légitime, jusqu'à quel point ? Il y a aussi le fait, un élément très profond, que l'Ukraine a fait partie dans les années 1930 de ce que Timothy Snyder appelle « les terres de sang ». L'expression est d'ailleurs de Hanna Arendt, qui parle de la terre baignée de sang d'Ukraine. C'est en Ukraine que les grandes batailles de la Seconde Guerre mondiale se sont produites. Les historiens allemands sont en train de réaliser, en menant des études statistiques approfondies, que les Ukrainiens, pendant la Seconde Guerre mondiale, ont produit le plus de soldats victimes du conflit que tous les autres Européens mis ensemble. La grande erreur des Allemands a été d'avoir fait une équation entre l'armée rouge et l'armée russe, alors que les faits montrent au contraire le destin tragique des Ukrainiens, qui par millions, par centaines de bataillons, se sont battus contre le nazisme. Il y a eu beaucoup plus de soldats ukrainiens engagés contre les nazis que de collaborateurs ! Le premier front ukrainien, le second front ukrainien… Dans l'armée soviétique, la part de l'armée ukrainienne était énorme, et les pertes aussi. La libération de Kyiv est un fait majeur. C'est sur les terres de l'Ukraine que s'est produite aussi la Shoah par balles, à Babi Yar et dans d'autres villes ukrainiennes comme Tchernovtsy ou Berditchev, la ville natale de Vassili Grossman. La terre ukrainienne a été dévastée par cette guerre, y laissant énormément de blessures, ce qui n'est pas du tout le cas de la terre russe, beaucoup plus épargnée par les combats de Moscou à Vladivostok, même si des millions ont péri au front. L'Ukraine, je le répète est donc une terre de sang, profondément blessée, d'abord par la famine artificielle des années 1930 provoquée par Staline, puis par la guerre. La société civile a énormément souffert du Holodomor, puis on a eu le choc suscité par les répressions soviétiques qui ont succédé à celles des Allemands. Tout particulièrement à l'ouest de l'Ukraine.

C'est parce qu'il y avait une résistance farouche à l'URSS dans ces régions, qui comme tu l'as expliqué, appartenaient à la Pologne.

Absolument, les partisans sont restés après 1945 pendant dix ans dans les Carpates, les forêts, pour résister à l'URSS. C'est énorme, cela a joué un rôle clé dans les familles, la société, les mémoires. Tout cela fait qu'à l'échelle de millions de gens, a grandi le sentiment d'une immense frustration, du danger de l'empire, de l'URSS, du côté inhumain de ce système, et partant, le rejet spontané, la volonté absolument obstinée de fuir les décombres, de fuir ce cauchemar, comme tu l'as dit. La volonté de revenir au mode de vie d'avant 1939.

Le mode de vie d'avant, pour la partie occidentale de l'Ukraine. Mais justement, cette divergence de mémoires n'a-t-elle pas créé une coupure entre les deux Ukraine ?

Non, parce que tout cela diffusait à l'Est. À Kyiv, les chansons venues de l'ouest ukrainien étaient chantées. Le Samizdat ne venait pas que de l'Est mais de l'Ouest. Les musiciens de Kyiv participaient activement aux festivals de musique à Varsovie et dans d'autres endroits. Par exemple, dans les années 1960, la grande école de musique d'avant-garde, à laquelle participera le compositeur Valentyn Sylvestrov, dans les années 1960, se nourrit d'une grande attraction pour la musique dodécaphonique, qui vient de Vienne, donc vraiment d'Occident. Et ça, c'est un mouvement qui vient de Kyiv. Il y a vraiment eu une sorte de mélange, de métissage entre Kyiv, Varsovie, Prague, etc.

Le tournant de Tchernobyl

Quel rôle joue la catastrophe de Tchernobyl dans la montée du sentiment national ?

L'impact en a été capital. Car c'est l'Ukraine, comme tu t'en souviens, qui va souffrir du mensonge officiel, qui s'installe après la catastrophe en 1986. On appelle les Ukrainiens à aller manifester pour le 1er mai, quelques jours après la catastrophe ! Alors nous, les Ukrainiens, par millions, nous avons senti le danger concret de ce mensonge d'État ; nous en avons subi les conséquences et cela a fait de nous des dissidents. On a compris que l'État soviétique était contre nous, qu'il nous mentait, qu'il nous tuait. Des avions gouvernementaux transportant l'élite politique du parti communiste ukrainien ont quitté Kyiv, tandis que nous restions là, dans le danger immédiat de la contamination. Cela a fait une très grande différence. Il y a quelques jours, mon fils est allé à Tchernobyl avec les journalistes de Radio France. Ils ont interviewé les scientifiques qui doivent travailler à deux pas du gouffre, pour que cela n'explose pas à nouveau, pour empêcher les barbares militaires russes de relancer une catastrophe ! Tout cela pour dire qu'on a une histoire très lourde, très chargée de souvenirs toujours très frais.

L'Ukraine, cette Europe inconnue

Les différences accumulées entre l'expérience ukrainienne et celle de la Russie, que tu fais émerger, sont incroyablement éclairantes pour comprendre la résolution de l'Ukraine et la résistance farouche que la société oppose aujourd'hui à l'envahisseur russe. J'ai eu le sentiment en t'entendant évoquer toute cette période, et notamment tous ces échanges intellectuels, tous ces allers-retours entre l'Ukraine et le reste de l'Europe centrale, même à l'époque soviétique, de voir émerger un paysage intellectuel et anthropologique qui n'existait pas sur la carte mentale et diplomatique de l'Europe occidentale. Le monde largement méconnu, sous-estimé,

qu'a été et qu'est toute « cette Europe captive » du centre et des marges orientales que nous connaissons mal ou peu, cette Europe dont parlaient Miłosz et Kundera. J'aimerais que tu racontes en particulier comment toi, un francophone et francophile, tu vois nos lacunes dans ce domaine. La France n'a-t-elle pas largement occulté l'Ukraine politique et intellectuellement pendant très longtemps ? Tu as été en contact avec Paul Ricœur, mais la France n'a-t-elle pas ignoré l'Ukraine royalement en tant que pays, culture, car elle était tellement obnubilée par la Russie, qui la fascinait, qu'elle a passé par pertes et profits une partie de ses relations avec l'Europe centrale, et encore plus l'Ukraine, même si elle a été l'un des premiers pays à ouvrir l'ambassade de France à Kyiv.

La France découvre aujourd'hui le nouveau rôle de l'Ukraine et de l'Europe centrale sur une nouvelle carte mentale. La compréhension claire de ce nouveau rôle peut définir les contours de l'histoire des années à venir. Mieux vaut tard que jamais ! L'Allemagne surmonte sa dépendance énergétique héritée de la configuration post-soviétique imposée par le Kremlin. Mais il est important que la France, elle, surmonte sa dépendance mentale et renouvelle son logiciel. Pour aider à cela, il faut stimuler la découverte des œuvres et des institutions qui représentent la culture de l'Ukraine et de sa société, et aussi celle de tous les fils qui nous relient aux sociétés de la grande région d'Europe centrale.

Pendant plus de 30 ans, nous avons traduit des centaines de livres du français, pour que nos lecteurs comprennent votre vie et ses complexités. Peut-être le temps est-il venu d'un mouvement réciproque du côté de la France. La prise de conscience de la réalité ukrainienne ne peut se réduire à quelques photos en noir et blanc de la guerre d'aujourd'hui, même si cette dimension est capitale. L'exemple éclatant de la compréhension des concepts et mots clés de l'Europe, a été la publication du « Vocabulaire des philosophies européennes, Dictionnaire des intraduisibles », en langue ukrainienne. Le moment est peut-être venu de faire connaître en France de grands penseurs et artistes ukrainiens. On ne part pas de rien ! La France a été le premier pays à ouvrir un Institut culturel, place de Lvyiv, je les ai même aidés à trouver des locaux. Et j'ai apprécié à l'époque que le soft power de la France soit à Kyiv avant tous les autres. Par ailleurs, j'ai enseigné à l'École des Hautes études en Sciences sociales. J'avais reçu une invitation pour le Collège de France, en 1989 et je suis arrivé avant la disparition de l'URSS, en 1990. Je suis entré en contact avec Clemens Heller, directeur de la Maison des sciences de l'Homme qui avait connu l'anthropologue Françoise Héritier-Augé. Cette dernière travaillait avec Claude Levy Strauss, que j'ai croisé aussi.

J'ai été très heureux d'accueillir André Glucksmann, qui a vécu à Kyiv chez ma mère quelque temps. Et ensuite, à Paris, André m'a expliqué que le Quai d'Orsay inaugurait un programme analogue au programme Pouchkine pour la Russie et que le responsable voulait me voir. Yves Mabin dirigeait au Quai ce programme. Il m'a demandé quel écrivain pouvait en être le symbole et j'ai immédiatement proposé Grigori Skovoroda, le plus grand philosophe ukrainien du XVIIIe siècle, comme symbole de l'Ukraine. Il avait traduit du latin et du grec. Il connaissait l'allemand et le français, il a écrit plusieurs de ses dialogues et poèmes en latin. Notre université, qui porte le nom du métropolite Pierre Mohyla, était fondée, depuis sa création en 1615, sur le modèle des universités jésuites comme celle de Cracovie. Tout l'enseignement était alors en latin. Cela t'explique que Skovoroda écrivait en latin. Dans le cadre de ce programme Skorovoda, nous avons traduit Montaigne, Rousseau, Pascal, Descartes, mais aussi Levinas, Ricœur et même Glucksmann. J'ai fait traduire son livre, *Le 11e commandement*, qui évoquait la guerre de Tchétchénie. Bref, on a bâti des ponts de façon concrète.

De Ricœur à Tchijevski, le même archipel de l'esprit

J'ai invité pour la première fois Paul Ricœur en 1993, pour l'inauguration de l'année académique. Et je lui ai montré la salle où Skovoroda avait fait ses conférences. C'est là qu'il a fait aussi la sienne. Nous avons réalisé que

Ricœur était l'une des grandes figures intellectuelles de l'Europe. Mais aucun livre n'avait été traduit en cyrillique. J'ai compris qu'il fallait combler cette lacune, traduire et diffuser. La seconde fois, quand il est revenu, pour un dialogue avec les étudiants, en 1997, cinq livres avaient été publiés. La couverture médiatique a été forte, tout Kyiv savait qu'un grand philosophe était en ville. Je disais : si Platon ou Aristote viennent nous rendre visite, il faut le savoir ! Je savais que Paul Ricœur était très modeste. Nous avons beaucoup marché ensemble, au Quartier latin. Je me souviens que la première fois, il m'avait fixé rendez-vous à la librairie Vrain, au sous-sol où il avait son bureau. J'étais très stressé car je n'avais rien compris de l'endroit où cela se situait. Finalement, il m'a emmené déjeuner rue Descartes, près de la montagne Sainte-Geneviève, exactement à l'endroit où, dans le film de Woody Allen, *Midnight in Paris*, se trouve l'escalier de l'église Saint-Étienne-du-Mont. Cet endroit pour moi représente la France. C'est là qu'il m'a parlé de ses échanges avec Hanna Arendt et qu'il a décidé de me mettre en contact avec le philosophe allemand Hans-Georg Gadamer, le Mont-Blanc de la pensée allemande de l'époque. On s'est rencontrés lors d'une rencontre à la Maison Heinich-Heine, à la cité universitaire, où étaient aussi présents Derrida et Deleuze. J'ai pu évoquer la personnalité de Dimitri Tchijevski (14), grande figure intellectuelle de la culture ukrainienne, ex-homme de gauche accusé de trotskysme, qui avait fui en Allemagne dans les années 1920. À l'évocation de son nom, Gadamer a été transfiguré car Tchijevski était son ami, à Heidelberg dans les années 1960 et 1970. Sa femme était juive, il avait vécu les années nazies très dramatiquement en la cachant, puis en partant aux États-Unis, avant de retourner en Allemagne. C'était un modèle en Europe, bien qu'ignoré en France, alors qu'il a rédigé des études remarquables sur la pensée française, dont certaines en français. On le respectait à Prague. Si je donne tous ces détails, c'est pour montrer qu'existait à travers lui une pensée ukrainienne et européenne qui ne comportait pas de grille de lecture impériale et ethnique. Tchijevski est d'ailleurs entré en conflit ouvert avec le mouvement impérialiste « eurasiatique » russe. Les diasporas ukrainienne et russe l'appréciaient également, alors qu'elles étaient souvent en opposition, car la pertinence de ses analyses et sa hauteur de vue lui valaient d'être publié à la fois par les revues ukrainiennes en Europe et au Canada et les revues russes dissidentes à Paris et aux États-Unis. Pour moi, c'était une personnalité du même « archipel » intellectuel que Paul Ricœur, quelqu'un doté d'une conscience morale. Comme Thomas Mann et les plus grandes consciences morales du XXe siècle, il a été l'un des premiers à mettre en parallèle le nazisme et le communisme en tant que régimes totalitaires, à établir des similitudes avant même qu'Arendt et même Grossman ne le fassent.

Il essayait toujours d'être très attentif au fait qu'on ne peut analyser l'idéologie totalitaire et lui trouver des antidotes si on n'est pas attentif à l'analyse anthropologique, c'est-à-dire à l'importance de l'homme ! Quand nous avons parlé de l'homme orange et de la résistance à la soviétisation, nous avons précisément avancé dans cette direction, car les idéologies totalitaires parlent toujours de « l'homme de trop ». Pour elles, l'homme ne compte rien. Tu te souviens sans doute du poème de Maïakovski qui dit qu'« un homme seul n'est rien, car il ne peut porter à lui seul une poutre ». Le fait que toi et moi ne soyons pas capables de porter une poutre fait de nous des zéros dans cette idéologie ! Cette idée de l'annulation de l'individu, et de l'importance exclusive des masses sociales, nous mène directement aux massacres de Boutcha. Toutes les questions de linguistique, de religion, d'ethnies sont des éléments décoratifs, des rideaux de fumée, qui permettent de modeler les hommes de la manière dont le souhaite le régime totalitaire. C'est la base du totalitarisme.

L'homme supérieur à l'empire

La résistance commence quand nous décidons d'utiliser un axiome différent, un paradigme tout autre, dans lequel l'homme, individuellement, a une valeur supérieure à celle de l'empire. Un seul Tchijevski vaut pour moi plus que tout l'empire soviétique ou russe ! Un seul Paul Ricœur, prisonnier du IIIe Reich, et qui dans le camp allemand où il était interné, traduisait Husserl de l'allemand en français, est plus important que tout le IIIe Reich ! Si on choisit ce paradigme, on reçoit un point d'appui qui permet d'organiser la résistance. Il faut se souvenir de la phrase de Copernic : donnez-moi un point d'appui et je changerai le monde entier. Ce point d'appui, c'est la compréhension que l'homme avec son intelligence peut, comme le pressentait Pascal, « embrasser l'infini », penser des myriades d'étoiles et des espaces cosmiques… bref que tout cela est contenu dans sa tête. Ce paradigme peut changer le modèle de pensée totalitaire. Je peux te dire avec effroi, entre nous, que j'ai eu hier une conversation privée avec un professeur d'une école de Moscou. Il a été licencié de son école pour avoir dit à ses élèves qu'envahir l'Ukraine était mal. Je lui ai dit que je ne pouvais comprendre que sa mère, qui me connaît et est mon amie depuis 50 ans, fasse plus confiance à la télévision russe qu'à moi, pour savoir ce qui se passait à Boutcha. Elle a étudié à l'université de Moscou, elle a une éducation supérieure, elle a passé toute sa vie à Moscou. Et Andreï me dit : elle se sent appartenir à cette masse dont elle ne peut se couper. Cette masse lui dicte où est la vérité. Elle fait moins confiance à son fils qu'à la télévision. Elle ne veut pas nous croire. Elle a peur que je meure sous les bombes, mais elle ne nous fait pas confiance. C'est un choc !

C'est très troublant. Il n'est sans doute pas un hasard que l'un des premiers buts du pouvoir soviétique fut de détruire la famille, et d'ériger en héros Pavlik Morozov, jeune enfant qui avait trahi sa famille au nom de l'idéal révolutionnaire.

C'est tout à fait juste. Cette femme a élevé son fils toute seule. Elle n'a pas de famille. L'absence d'un cercle d'amitié laisse l'individu désarmé, le prive de points d'appui. Je dis donc à ce jeune professeur : as-tu un cercle de gens auxquels tu peux parler librement, qui te permette de ne pas te noyer ? Je lui conseille d'apprendre une langue, l'anglais, pour ne pas dépendre de la masse aveugle. Je ne veux pas qu'il se noie.

On en revient à la question du pourquoi. Pourquoi la population russe fait-elle l'impasse et préfère-t-elle fermer les yeux, croire la propagande ? C'est la question que pose l'historien Vladimir Pastoukhov dans ses chroniques depuis le début de la guerre d'Ukraine. Il dit que c'est quelque chose de plus profond que la propagande, un besoin de grandeur, de fierté nationale, qui devient une sublimation des frustrations accumulées par le peuple russe, durant des décennies, voire des siècles.

Nous sommes face à l'atomisation de la société russe, une société où n'existe pas une communauté minimale de l'amitié, qui lui permettrait de se réveiller vraiment. Cela nous ramène à Aristote, qui disait que le fondement de la cité, c'est l'amitié. Ce n'est pas une idée idéaliste vague, mais quelque chose de très réel. Notre conversation montre que l'amitié a une signification politique. La cité, la *Polis* grecque, est le lieu où existent des amis, qui se font confiance et ne sont pas liés seulement par les liens commerciaux de l'intérêt. C'est un lieu politique où la pensée peut librement rencontrer la pensée, la contradiction, la critique.

Les défis qui guettent la démocratie selon Tocqueville

Et là, on est clairement dans le monde de Tocqueville, qui montre très bien que la démocratie peut devenir quelque chose de menaçant, parce que l'homme démocratique moderne, coupé de son héritage, des liens ancestraux, du passé, se retrouve seul, et donc vulnérable. S'il n'y a pas, dit Tocqueville, l'interaction locale, le face-à-face indispensable des relations quotidiennes établies dans la cité, et aussi dans la famille, il n'est plus ancré, et devient prisonnier de ses passions matérielles, et surtout du bon vouloir du despote étatique.

C'est précisément parce que Tocqueville a été le premier à peindre ce risque du despotisme d'une société atomisée, que j'ai signé un contrat avec l'éditeur de Tocqueville et publié *L'Ancien régime et la Révolution*. C'est l'une des premières choses que nous ayons faites dans notre maison d'édition, et c'est mon père qui a traduit ! Pour moi, Tocqueville est l'Aristote des Temps modernes. Il a pensé l'âge moderne, après les Lumières. Et ce qu'on voit aujourd'hui, c'est précisément cette atomisation de la pensée qui met l'individu seul face « à l'animal froid d'un énorme État », comme disait Nietzsche. Ou comme le dit Khlebnikov : Quand on m'emmène à la police pour être interrogé, c'est une rencontre entre moi et l'État. Dans cette situation, tu te retrouves écrasé par la machine étatique. C'est la même histoire que celle du petit homme qui fuit la statue du cavalier de bronze qui le poursuit dans Saint-Pétersbourg (chez Pouchkine). Il a peur, et se retrouve dans sa dépendance.

Cela est possible car l'État n'est plus composé d'individus, de personnalités, mais à nouveau de rouages remplissant des fonctions. On avait dans les années 1990 en politique en Russie, des personnalités à visage humain comme Boris Nemtsov, mais ce n'est plus le cas.

L'interaction humaine, qui permet d'échapper à cet État écrasant, est une clé fondamentale. Tu peux aujourd'hui, en discutant avec moi, entrer en contact avec l'air qui est respiré à Kyiv. Je veux toutefois parler aussi d'une autre chose que j'ai comprise ces derniers jours, en tombant sur une résolution du Parlement européen sur la question de la mémoire. Vous ne l'avez sans doute pas remarquée car elle est passée inaperçue en Europe. Elle a été adoptée le 19 septembre 2019 à l'occasion du 80e anniversaire du Pacte Molotov Ribbentrop (15), de l'invasion de la Pologne et des pays baltes. Je l'ai lue, et j'ai compris que c'était très sérieux. Très sérieux pour deux raisons. D'abord parce qu'elle contenait une condamnation extrêmement vigoureuse et très claire de l'alliance entre les deux totalitarismes nazi et communiste. Mais surtout parce que j'ai compris que cette résolution serait comprise à Moscou comme une déclaration de guerre politique. Puisque Moscou continue d'encourager une restalinisation de l'Histoire, et aussi dans une certaine mesure, une continuité avec l'époque soviétique. Poutine ne pouvait pas voir cette résolution comme un avertissement.

Qu'a vraiment voulu dire le Parlement européen ?

La dernière ligne de cette résolution appelle à ce que « le président du Parlement européen envoie cette résolution à Moscou ». J'ai peur que ceux qui pensaient à envoyer ce document y aient vu un geste semblable à celui fait envers d'autres capitales, concernant d'autres évènements historiques. Mais dans ce document, on évoquait le procès de Nuremberg. Or, dans notre premier entretien, nous avons parlé du Mémorial, interdit pour son activité, et des crimes du stalinisme vus de Russie. Pour moi, il est clair que le Kremlin en lisant cette déclaration, a compris qu'on ne lui pardonnerait rien, que des parlementaires d'Europe exigeaient en creux un procès du communisme et n'avaient rien oublié. Il s'agit certes essentiellement des Baltes, des Polonais, mais les Français, les Allemands et les autres se sont aussi associés avec cette résolution.

Quand vous envoyez ça à Moscou à la Douma, vous ne pouvez pas en même temps continuer à effectuer des ventes d'armes en Russie. C'est soit l'un soit l'autre. Soit vous continuez à vendre des fusils à lunette comme le fait l'entreprise Thales pour les chars russes, soit vous comprenez qu'il ne faut pas le faire, car la Russie pourra utiliser ces chars pour aller vers la Pologne, la Lituanie ou l'Ukraine. Il faut comprendre que les mots ont un sens, qu'ils sont très importants. Poutine a réagi à cette résolution en attaquant l'Ukraine.

Personne ici ne l'avait lue, mais au Kremlin si. Cette question montre la naïveté de l'Occident et son incompréhension du combat dans lequel il est embarqué. Vous ne pouvez pas faire deux pas en avant et deux en arrière. Ce n'est pas une danse ! Si vous avez lancé un défi au Kremlin, dire maintenant que vous n'êtes pas cobelligérants est absurde. C'est soit l'un, soit l'autre.

Je suis d'accord avec toi, mais pour comprendre cette forme de naïveté, de déconnexion, il faut savoir que cette résolution du parlement a été le fruit d'un lobbying actif de la Pologne et des pays baltes, et que les autres pays se sont empressés, une fois le texte voté, de l'enterrer hâtivement. Dans leur optique, ils n'ont donc pas lancé de défi, comme tu dis, ils lançaient des mots sans réaliser la conséquence de leurs actes. Car l'Europe n'est pas un acteur conscient unique agissant de manière tout à fait coordonnée. Je me souviens d'une conversation avec Vladimir Boukovski, qui voulait un procès du communisme. Il disait que sans procès, on aurait une rechute totalitaire. Mais il disait aussi qu'il avait réussi à extirper des griffes du système du FSB, une partie des archives soviétiques, grâce à l'aide de Boris Eltsine. Pour lui, la plus grande découverte a été de voir qu'en Occident, personne n'était vraiment intéressé par leur publication, car elles auraient pu potentiellement jeter une lumière trop crue sur les complicités entre une grande partie des élites occidentales et le régime soviétique. La France, plus que beaucoup d'autres, a cultivé pendant toutes les années soviétiques, des liens directs et aussi souterrains avec le communisme, que personne n'a eu vraiment envie de rappeler, et cela ne concernait pas seulement le parti communiste. L'infiltration des services soviétiques dans les partis français, communiste, gaulliste, socialiste, etc.,

a été très forte. Tout cela pèse encore aujourd'hui. On le voit bien à l'apparition de « relais » d'influence des positions russes, qui ne soutiennent pas directement Poutine mais défendent la thèse du compromis urgent et indispensable, oubliant qu'il n'appartient pas aux Occidentaux de déterminer à quel moment il sera temps de trouver un compromis en Ukraine. Avant, ce groupe disait que la Russie n'envahirait pas, ensuite il a expliqué que cela était notre faute car nous avions encerclé la Russie, et maintenant, ce même groupe dit qu'il faut arrêter la guerre, car nous ne pouvons nous battre jusqu'au dernier Ukrainien. Qu'il faudra rétablir les relations avec Poutine. Pas un mot sur la menace permanente que ferait peser le maintien de Poutine au pouvoir, ni sur les conditions qui devront être réunies pour rétablir un dialogue, ni sur le fait qu'il n'appartient pas aux Occidentaux, mais à l'Ukraine, de décider du moment des pourparlers.

Nous comprenons parfois que l'orientation de ces personnalités publiques est souvent liée à des squelettes présents dans leurs armoires. Ces gens parlent ainsi mais leurs mots sont liés à des dépendances précises et concrètes. Si nous ne les mettons pas en évidence, on s'expose à ce que ces gens-là puissent continuer à tenir de tels discours…

Rétablir le lien entre nazisme et communisme

Cela est lié précisément au fait qu'il n'y a pas eu de procès du communisme, ni en Russie, ni en Occident, et en France notamment, où le degré de proximité était immense. J'ai été frappée en étudiant ces systèmes, puis en 1989, quand je couvrais la fin du communisme comme reporter, du fait, que très peu de gens se pressaient de révéler ou reconnaître les crimes du communisme. Il a fallu attendre *Le livre noir du communisme*, et même sa publication a suscité de nombreuses oppositions…

J'ai invité personnellement Nicolas Werth, Stéphane Courtois et Galia Ackerman à échanger sur ces sujets. J'ai aussi rencontré François Furet, et publié son livre *Le passé d'une illusion*, qui a été une bombe quand il est sorti. Car c'était un ancien communiste, qui après 1968 et l'invasion de Prague, était sorti du PC. Son livre a été un moment clé de la bataille intellectuelle sur ce sujet, mais elle n'a jamais été menée à son terme. Nous savons que dans la culture de l'Occident, et notamment de l'Amérique, ce travail est fondamental. Vous avez eu le procès Papon sur le vichysme. Mais sur le communisme, rien de tel. Il y a certainement là un refus de parler de ses propres erreurs. Mais ce silence s'appuie aussi sur l'idée que le droit, c'est pour nous, pour notre partie de l'Europe, tandis que l'autre Europe, et notamment la Russie, peut continuer sans droit ni tribunaux, sans foi ni loi. Il y a une sorte de condescendance, qui justifie l'amnésie. Les Européens semblent estimer que leur juridiction ne s'étend pas à ces contrées, au-delà du fleuve Dniepr. Du coup, d'un côté on parle de la Déclaration universelle des droits de l'homme, mais de l'autre on parle du fait qu'à l'Est, on a des dragons arbitraires, mais qui ne nous concernent pas. Or, en nous proclamant indifférents, non compétents, nous nous ouvrons la possibilité d'organiser une sorte de zone « offshore » où nous pouvons aussi mener des actions illégales. Aujourd'hui, la guerre, et les enquêtes pour crimes de guerre, démontrent que cette question doit être au centre de notre attention. Tous les Européens, mais pas seulement les Polonais ou les Baltes, doivent comprendre qu'ils sont concernés par la résolution passée en 2019. Car dans cette déclaration, les Polonais et les Baltes ne disaient pas seulement qu'il fallait faire attention à leur passé, ils signifiaient qu'il y avait là une zone de risque, de menaces réelles et concrètes, pour notre famille de l'Union européenne, que nous paierions plus cher si nous ne faisions pas attention. Je recommande donc la lecture de cette résolution, non pas pour ses qualités, mais pour ce qu'elle nous dit de ce que doit être notre *soft power*, afin que nous utilisions tous les moyens culturels à disposition, pour lui donner un écho large dans l'opinion, pour dire la vérité sur les crimes du communisme, raconter enfin le signe d'égalité entre totalitarisme nazi et communiste. En faire un récit captivant et convaincant.

En réalité, on peut dire que cette résolution est comme un maréchal sans armée. Derrière elle doit venir une force de *soft power* qui éduque et informe, qui influence le pouvoir. Jusqu'ici, on a seulement prononcé des mots, sans action sérieuse. Mais ces mots ont un prix. L'Ukraine paie ce prix aujourd'hui. Et les Européens aussi. Ils l'ont senti dans leur chair, quand l'avion malaisien MH370 a été abattu et que tant de Hollandais et d'autres Européens sont morts dans le ciel d'Ukraine sous le feu de l'artillerie russe de la région du Donbass. Aujourd'hui, depuis le 24 février, il est encore plus clair que nous sommes dans la même barque. Nous devons donc prouver que nous répondons des signatures que nous avons apposées sous la résolution de 2019. Soit nous sommes d'accord pour accepter une forme de soumission mentale et la domination d'un nouveau gendarme en Europe, soit nous décidons de défendre nos propres règles du jeu et notre liberté de décider notre destin et nos alliances. Cela pose une question majeure : une troisième Europe peut-elle émerger ? Si 44 millions d'Ukrainiens se rallient aux Polonais et aux Baltes, 44 millions dont la mémoire sera encore plus brûlante que celle de ces derniers, s'ils créent la masse critique en Europe qui forcera l'UE à mettre à l'honneur cet agenda de la mémoire, qui est si important pour le futur, cela changera l'Europe, la vaccinera contre le communisme.

Je m'explique : la première Europe s'est formée après 1945 et l'Holocauste, comme une Europe antinazie. Cette Europe a continué jusqu'à la chute du Mur de Berlin. Et là, commence une deuxième phase lors de laquelle les pays d'Europe centrale ont chacun résolu à leur manière le problème de la lustration. On n'a pas eu de procès collectif du communisme. Le Président Bush, à l'époque, ne voulait même pas d'une dissolution de l'URSS, il appelait au contraire l'Ukraine à ne pas quitter l'URSS parce que les États-Unis ne voulaient pas de problèmes de prolifération de l'arme nucléaire. Ils pensaient que cette prudence assurerait la sécurité mais c'était une fausse idée de la sécurité collective. Quand s'est produite l'annexion de la Crimée, une ligne rouge a été franchie, et une guerre a commencé sur le territoire du Donbass. Il a fallu ensuite attendre 5 ans pour avoir la résolution du Parlement européen. Mais elle a été approuvée comme si la guerre n'avait pas lieu, comme si on ne tuait personne à ce moment-là en Ukraine, comme si on pouvait soutenir l'intention des Polonais et des Baltes, mais avec le faux sentiment qu'on pouvait rester à parler entre nous, que cela nous ne coûterait rien.

Depuis 2014, surtout après le 24 février 2022, plus personne n'a plus d'illusion sur l'idée que l'amnésie apportera la thérapie et la paix. Il est clair aujourd'hui que l'absence de travail de mémoire, de condamnation du passé, apporte des métastases. Et toute la question est de savoir quelle troisième Europe va émerger dans ce contexte. L'Europe va-t-elle faire le travail qui n'a pas été fait, déblayer la mémoire ? Son futur en dépend. Est-ce qu'elle parlera du Pacte Molotov Ribbentrop, des crimes commis pendant la Seconde Guerre mondiale. Ou allons-nous faire comme le veut la Russie, qui elle s'emploie à fêter frénétiquement le 9 mai, précisément pour oublier tout le reste : le Pacte Molotov Ribbentrop, et le 17 septembre 1939, quand les troupes de l'armée rouge ont marché sur l'Ukraine et la Pologne ?

Le 9 mai permet à la Russie de perpétuer le mythe d'une gloire sans tache.

Il vaut le coup de rappeler ici la contribution de Lev Kopelev, qui fut l'un des plus grands dissidents soviétiques et fut expulsé vers l'Allemagne où il a créé un grand institut. Il avait été le témoin, horrifié de l'arrivée des troupes de l'armée rouge en Allemagne pendant la guerre, alors qu'il était officier sur le front. Il avait exprimé une position très critique à ce sujet en découvrant notamment que les troupes se comportaient mal, violaient les populations, bref, qu'il se passait exactement ce qui s'est passé à Boutcha récemment. Cela lui a valu d'être envoyé en camp. Après le camp, il s'est lié d'amitié avec Soljenitsyne, l'a beaucoup aidé. Il était né à Kyiv dans une famille juive. Il parlait yiddish à la maison et a appris facilement l'allemand du même coup. C'était un homme très honnête, qui a expliqué bien avant les autres, qu'il ne fallait pas faire toute une salade autour du 9 mai, car les Russes s'étaient conduits très mal. Il a expliqué que le 9 mai était un montage, une partie de l'idéologie soviétique. Il faudra bien un jour rétablir toute cette mémoire.

L'histoire de Günter Grass, le célèbre écrivain qui un jour, a fini par reconnaître qu'il avait été un SS dans sa jeunesse, explique pourquoi la mémoire est importante. C'est quand Grass a entendu le chef des jeunesses hitlériennes reconnaître avoir trompé le peuple lors du procès de Nuremberg, qu'il a réussi à rejeter le régime nazi. Si un tribunal peut se tenir, et permettre de juger les crimes et d'entendre les grandes voix, cela permet aux « petits nazis » de se libérer, et pouvoir, même peut-être un jour, comme Grass, devenir de grands écrivains. Sinon, ils resteront toute leur vie des collabos frustrés et solitaires.

Si la vérité n'est pas dite et les crimes ne sont pas jugés, on recommence à proférer d'énormes mensonges, comme c'est aujourd'hui encore le cas en Russie, où même des crimes reconnus avérés sous Gorbatchev, Eltsine et Poutine, sont aujourd'hui l'objet d'une remise en cause rampante, comme c'est le cas pour le massacre des officiers

polonais de Katyn. Tout, du coup, se mélange, entre ce passé, et le présent, puisque Poutine désormais justifie la guerre d'Ukraine au nom de la Seconde Guerre mondiale. Et aussi parce qu'il refuse toute concession susceptible de ternir l'image glorieuse de cette guerre, de peur d'entraîner un effondrement du régime, qui s'accroche désespérément à la légitimité de la « grande guerre ».

C'est évidemment une énorme erreur. Il faut se souvenir du film d'Abouladzé, *Repentir*, pour comprendre qu'accepter les pages noires du passé ne nous détruit pas, au contraire. Cela nous permet de devenir nous-mêmes, de revenir dans la famille de l'humanité. Il ne faut pas avoir peur de la vérité historique. Il faut avoir peur du fait que le passé, s'il n'est pas avoué, vous entraîne vers le crime. Vous vous mettez à organiser des colonnes de camions-grues pour aller détruire le monument de Katyn comme cela a été le cas récemment, vous érigez à nouveau une statue de Lénine à Kherson et vous faites flotter sur les bâtiments de cette ville d'Ukraine, deux drapeaux, celui, tricolore de la Russie, et le drapeau rouge. C'est ce qui s'est passé hier…

Poutine entraîne son pays dans le passé et répète le passé, mais pas seulement par l'esprit, par l'action ! Ce n'est pas seulement une glorification, mais une action : j'envoie mes troupes en Ukraine pour reconstruire l'URSS ; je fais reconstruire un Lénine.

C'est une reconstruction absolument pathologique, car elle n'installe aucune distance, comme si la limite entre l'Histoire et la vie réelle avait été effacée. Pour blanchir la mémoire, nous emmenons des gens commettre d'autres crimes. Pour sortir de ce cercle vicieux, l'Europe doit rassembler ses forces.

Quand tu dis que l'Europe doit utiliser toutes les forces de son *soft power* pour faire le procès du communisme et de ce régime, qu'as-tu en tête ?

Toute la France a vu le procès Papon. Eh bien, il faudrait quelques procès exemplaires sur les actions de Poutine en Ukraine, qui montrent que tel responsable précis a été jugé pour ses actes. Le procès du communisme et du léninisme sera fait à travers le procès du présent car le régime de Poutine a perpétué les enseignements mensongers du passé, ses méthodes. Savez-vous que les prisons séparatistes du Donbass ont été baptisées « Smerch » ? Le « Smerch », c'est une terminologie de l'époque de Staline, qui désigne les troïkas de juges qui jugeaient les gens ! Reprendre un tel nom est hallucinant non ? J'ai un autre exemple incroyable. Qu'est-ce que le mot Tass ? Telegrafnoe Agentvo Sovietskovo Soiuza, l'agence télégraphique de l'Union soviétique. C'est toujours le nom de la principale agence de presse de l'Etat russe. Si on juge Tass pour ses mensonges, on jugera une agence soviétique. Tout cela n'est pas caché, c'est sur la table. Si on fait un procès, les gens à l'Ouest comprendront que le passé est toxique ; et de jeunes « Günter Grass » en Russie, auront une chance d'en finir avec ce militarisme fou. Souhaiter une telle évolution, c'est tout de même mieux que de continuer à dire que la Russie sera éternellement despotique. Il faudra juger tous ceux qu'on pourra. Mais il faut aussi faire des films, des livres, des récits, qui jugeront cette période, comme cela a été fait avec l'époque nazie. Prenons le film *La Mort de Staline* d'Armando Iannuci, paru en 2018. Il a beaucoup parlé au grand public. Ce type de film établit un pont entre la résolution du parlement européen et la société. Il les met en phase.

L'hypothèse terroriste de l'homme

On a le sentiment en relisant les grands auteurs, que la littérature antitotalitaire est à nouveau un guide, dans cette période de rechute néototalitaire à Moscou.

Tout à fait, et notamment Hanna Arendt. Elle redevient un guide précieux, indispensable pour notre temps. J'écoutais les nouvelles sur les ondes françaises et m'est revenue l'idée d'Hanna Arendt, sur le fait que l'on ne peut exclure l'hypothèse terroriste de l'homme, c'est-à-dire sa plasticité, sa capacité à se laisser formater et à tout accepter. L'homme qui accepte de ne pas penser par lui-même pour choisir entre le bien et le mal, le vrai et le faux, et laisser les autres décider à sa place.

Avant le 24 février, on n'a pas pensé suffisamment sérieusement au danger que constitue la non-résistance à cette manipulation des masses, on a même entendu des interventions en ce sens, pendant les élections, sur les réseaux sociaux aux États-Unis ou en France, et en Europe centrale ou orientale. Et ce qui est stupéfiant, c'est que cette hypothèse selon laquelle on peut manipuler complètement l'homme est en marche, c'est une hypothèse de travail. Les gens qui ont repris le flambeau du KGB bossent et ils travaillent sur la manière de manipuler les Européens, d'abord les Russes mais aussi les autres. Quand j'entends le nombre de gens qui votent chez vous « pro-Poutine », je me demande comment c'est possible ! Nous assistons à un moment paradoxal. Car aucune guerre n'a été couverte comme celle-ci, avec la même intensité.

Il y a deux processus à l'œuvre : on n'a jamais eu une masse de satellites qui peuvent tout couvrir et tout identifier jusqu'au numéro des voitures. De plus, avec un portable on peut tout photographier, tout couvrir, se transformer en apprenti journaliste. Il y a aussi l'accès aux faits, ils sont bien présents dans vos chaînes de télévision, les Français ont accès aux faits comme ils ne l'ont jamais eu. Pendant les guerres napoléoniennes, les Français ne savaient quasiment rien, aujourd'hui, ils peuvent assister au naufrage du *Moskva*, ou au bombardement de Kyiv en direct. Mais ce qui est tout à fait troublant, c'est que cela n'aide absolument pas à tirer des conséquences, à dire : je ne peux pas accepter ça, je veux résister à ça ! C'est un vrai sujet. Comment le pouvoir russe qui manipule et envoie la mort, peut-il continuer à être toujours aussi connecté avec la France qui gouverne, avec les candidats, et grosso modo avec toutes vos élites ?

C'est une lourde question, très importante, très dérangeante, qui a plusieurs explications.

Le refus d'analyser la réalité, la « néfaste répétition » que tu évoques récemment dans l'un de tes articles à propos de la Russie, est visible aussi en France et en Europe. Nous voyons aussi ici une néfaste répétition. On ne veut pas admettre que la situation russe nous concerne directement. Alors que cela peut être beaucoup plus important pour l'avenir de nos enfants que le prix des produits qui font le sujet de la campagne électorale français, comme le prix de l'essence. C'est la question d'Hanna Arendt : comment réagir face à un changement aussi radical que celui qui touche l'Ukraine ? Sur quoi misons-nous désormais ? On est vraiment face à un choix entre deux paradigmes. Soit on mise sur les choses qui déterminent la vie et la mort, le vrai et le faux, les choses existentielles. C'est ce qu'Arendt appelle le trésor caché de la résistance, les choses qui font la vie de la cité, les choses qui font que nous sommes ensemble et que nous choisissons de l'être, que nous sommes solidaires même dans le danger. Soit nous disons que nous sommes déterminés par les choix du marché, le pouvoir d'achat… Misons-nous sur les choses vraiment déterminantes ou les choses matérielles ? Les deux choses sont importantes, mais il y a des moments où il faut être en mesure de déterminer que le premier paradigme est plus important. Il faut choisir de se détourner du présentisme, de la question de savoir ce que j'achète demain, et comprendre qu'on risque de gagner beaucoup plus si on a une autre temporalité, si on regarde plus en profondeur et au large.

Il me semble qu'il y a plusieurs niveaux d'explication de cette forme d'incapacité à discerner clairement les enjeux vitaux. Il y a d'abord l'excès d'informations, l'avalanche de tweets, de commentaires, d'informations en continu, le problème de la surabondance de l'information qui submerge les individus et ne les met pas en mesure de les trier et de les comprendre. Sans doute deviennent-ils aussi blasés, partiellement insensibles. Il y a aussi un autre problème, tout aussi important selon moi. Tu dis ne pas comprendre pourquoi ils vont voter pour une candidate qui s'est prononcée pour Poutine, mais l'explication n'est pas seulement la question du pouvoir d'achat.

Cette crise complètement inattendue pour le commun des mortels se superpose sur une défiance naturelle pour les politiques en place. Je pense que les gens se laissent aller à cette pente, parce qu'ils ne font plus confiance aux élites, et parce qu'ils pensent que des problèmes – qu'ils voyaient comme tout aussi existentiels et fondamentaux que cette crise russe – ne sont pas réglés. La question de vie et de mort est pour eux présente sur d'autres fronts. Celui du terrorisme du Bataclan ou du lycée de Samuel Paty par exemple. Il faut comprendre que les Français vivent dans une situation de crise aigüe qu'ils perçoivent comme gravissime, à laquelle ils ne voient pas de solution apportée. Alors quand ils voient surgir la crise majeure en Ukraine, ils relativisent, d'autant que les candidats qu'ils favorisaient pour résoudre les problèmes d'identité que j'ai mentionnés, avaient, eux, misé sur Poutine. Ils préfèrent donc occulter le danger, ignorer le fond du problème. Tout cela cache selon moi un désarroi profond de beaucoup de Français qui n'ont pas vu du tout Emmanuel Macron comme un rempart. Mais je comprends ton désarroi, car cette attitude est extrêmement problématique. Elle montre que les Français sont incapables de penser deux menaces à la fois.

Je crois qu'on n'a pas encore pris la mesure de la menace actuelle. Les Occidentaux sont nombreux à penser que Poutine joue un jeu d'échecs logique, dans lequel l'arme chimique ou nucléaire est nécessairement exclue. Mais si on respecte la logique et l'analyse de sang-froid, sans passion, il faut admettre qu'après le 24 février, on n'est plus dans la logique.

La majorité des gens comprennent que c'est grave. Ils parlent de frappes nucléaires possibles, il y a une énorme inquiétude. Mais c'est vrai que tout cela est arrivé tellement soudainement, que les gens ont tout de même du mal à comprendre l'urgence. Encore une fois, ils sont dans le désarroi, incertains sur ce qui peut nous protéger. L'idée qu'on fait corps avec nos alliés et l'Amérique rassure un peu, mais les gens ne sont pas du tout persuadés que l'Occident sera en mesure de prévenir le jeu potentiellement irrationnel de Vladimir Poutine.

Si on comprend que le moment historique n'est plus le même, alors il faut être plus forts dans nos actes et plus prudents dans nos mots. Quand on se demande comment se protéger, il faut se souvenir qu'à partir du moment où on bloque complètement le gaz et le pétrole, on arrête la machine de guerre russe qui a pour ambition de détruire les démocraties occidentales. Le calendrier de la faillite russe est conditionné par le niveau des sanctions. On ne peut dire que les massacres de Boutcha sont affreux tout en se contentant seulement de sanctions sur le charbon !

Nouvelles solidarités

Je suis d'accord, mais c'est au niveau politique que cela bloque, notamment en Allemagne, en Autriche et en Hongrie, sans doute aussi en France. Désespérez-vous de l'Occident, quand vous voyez que tout n'est pas mis en œuvre pour stopper Poutine, malgré la mobilisation déjà atteinte ?

Il y a un phénomène qui reste peu analysé : c'est le fait que la réalité pose des limites au délire qui s'était emparé de Poutine. La réalité résiste ! Ses plans sont déjoués ! Il faut aussi montrer à quel point sa machine à fabriquer du délire a déformé la réalité. L'idéologie poutinienne cherche en effet à prouver qu'il a été traité partout en ennemi. Mais c'est faux. La Russie était membre du G20, Poutine a été invité à danser à Vienne lors du mariage d'une ministre des Affaires étrangères autrichienne, il a aussi été invité dans les meilleures maisons de l'Europe… Mais aujourd'hui, c'est fini, l'isolement est plus grand que jamais. Certains ont honte d'avoir pu être proches d'un « tueur en série ». En fait, Poutine a créé l'inverse de ce qu'il cherchait. Ainsi aussi, avec son discours disproportionné sur l'OTAN, a-t-il créé une situation dans laquelle la Finlande et la Suède veulent désormais y entrer. L'isolement économique va s'accroître.

En sommes-nous totalement sûrs ? Beaucoup de pays, de l'Afrique du Sud à l'Inde, en passant par de nombreux pays africains, mais aussi la Thaïlande et d'autres, semblent désireux de pratiquer la realpolitik.

La guerre va être longue et cela bouleverse l'ordre mondial. Des pays comme l'Inde ou le Brésil n'ont pas l'intention de se mettre en danger.

Mais ils n'ont pas pris position contre la Russie.

Hélas non, mais il y a des signes qui montrent qu'ils sont mal à l'aise. Poutine s'est trompé en poussant l'idée que tout le monde était contre la Russie. Il a transformé ce fantasme en réalité. En revanche, il a toujours nié l'existence d'une nation ukrainienne, la jugeant fabriquée par les Juifs, les Polonais, les Autrichiens, qui sais-je encore… Et cette incapacité à prendre en compte la réalité ukrainienne a créé la perte de dizaines de milliers de soldats russes. Là encore nous pouvons constater que la réalité résiste à son délire.

La position dans laquelle était Vladimir Poutine avant le 24 février était en effet assez forte, une nouvelle carte politique européenne plus sensible à ses sirènes était en cours de constitution, il pouvait se vanter d'une progression géostratégique en Afrique et au Moyen-Orient, et d'une nouvelle alliance avec la Chine. Et voilà

en effet que maintenant, la Russie est entrée dans un scénario catastrophe. Le rêve idéologique de reconstitution de l'empire, de vengeance contre l'Occident et de préservation de son pouvoir, tout cela se transforme en catastrophe. Poutine est peut-être même au bord du gouffre.

Sa grille de lecture était erronée et le monde est en train de le prouver. L'Ukraine, tout en existant, n'était pas hostile, elle était naïve, elle ne croyait pas qu'elle serait bombardée. Mais elle résiste. Cela nous ramène à la réalité humaine, anthropologique dont nous avons parlé au début de cet entretien. À ce geste d'Hanna Arendt qui est resté assez isolé. Elle est passée de l'étude du nazisme, du totalitarisme, à l'analyse de l'homme, en tentant de répondre à la question qui redevient fondamentale aujourd'hui : quelles sont les ressources de l'homme pour résister à la folie totalitaire ? Je sais que tu aimes parler des Russes européens qui refusent l'orientation poutinienne. C'était aussi mon cas. Mais il faut parler des Ukrainiens européens, qui sont plus nombreux que les Russes européens. Car c'est toute une sociologie, toute une société. Ils ne sont pas seulement post soviétiques, ils sont antisoviétiques. Ce sont des gens qui veulent définir le futur de leur pays. Mais ils ont aussi une responsabilité vis-à-vis de ce qui se passe de l'autre côté de la frontière, en Russie.

Tout cela se passe dans le contexte que nous avons décrit, celui de la gigantesque crise qui agite l'Occident, et qui change l'évaluation de la question ukrainienne.

Il faudra voir comment se déroule le clash de l'Europe orientale et celui de l'Europe occidentale sur les valeurs. Les beaux discours sur la violence intellectuelle ne sont pas suffisants. L'expérience de la vie changera tout. Quand on vous tire dessus, on ne peut se contenter de discours déconnectés. Les Ukrainiens pensent qu'on a besoin d'une nouvelle solidarité des gens de bonne volonté, car sinon, tout est en question, en péril. Les maisons, les familles. Il faut se mettre d'accord là-dessus. Ce qui nous unit est infiniment plus fort que les détails qui nous séparent. Et dans un temps comme celui-ci, la nouvelle élite, ce sont ceux qui nous sauvent. Ceux qui soignent, qui réparent, qui aident, qui donnent leur vie. C'est la *praxis*, l'action. Un mot grec trop oublié. Ricœur aimait ce mot.

TROISIÈME CONVERSATION

LE CHEMIN NATIONAL DE L'UKRAINE, LA BATAILLE POUR L'INDÉPENDANCE

La tradition cosaque ressuscitée

Je voulais te raconter comment j'ai découvert l'Ukraine. Cela va te paraître anecdotique, mais je pense que c'est néanmoins intéressant, parce que cela montre à quel point l'Ukraine était une ***terra incognita*** en Occident et notamment en France, au moment de l'effondrement de l'URSS. En 1990 je suis jeune journaliste et je passe l'été à Moscou pour remplacer le correspondant de l'époque. C'est un moment fascinant, la Russie vit sur un véritable volcan, toutes les nations de l'empire se réveillent, des pays baltes au Caucase, pour engager alors ce que l'on appelle alors « la parade des souverainetés ». Et un jour, au cœur de l'été, je reçois un fax qui arrive au bureau du *Figaro* de la part du « mouvement national ukrainien Rukh », qui annonce organiser une gigantesque fête culturelle, pour enterrer le crâne de l'ataman Tsyrko à Zaporijjia dans le sud de l'Ukraine. Je n'avais jamais entendu parler ni de Tsyrko ni de Zaporijjia, mais je me suis dit que ces festivités pourraient être intéressantes pour nouer des contacts au sein du mouvement national ukrainien Rukh, alors que des mouvements nationaux similaires avaient mené les Baltes à l'indépendance à peine quelques mois plus tôt… Je suis donc partie pour Kyiv pour être embarquée à bord d'un bus hérissé de bannières azur et jaune qui, avec des dizaines et des dizaines d'autres bus, formaient une sorte d'immense colonne descendant vers le sud de l'Ukraine. Ma surprise fut immense de découvrir les dizaines de milliers de personnes qui étaient venues à ce rassemblement. C'était un gigantesque évènement, chamarré, festif et aussi très politique (16). Pendant trois jours, les Ukrainiens présents ont chanté l'hymne « L'Ukraine n'est pas encore morte » (aujourd'hui l'hymne national) à pleine voix et célébré la nation ukrainienne et sa culture. Tous les leaders du Rukh m'ont expliqué qu'ils allaient tout faire pour aller vers la souveraineté. Je suis rentrée stupéfaite à Moscou et me suis rendue à l'ambassade de France pour y rencontrer le ministre conseiller de

l'époque et l'informer de ce que j'avais vu. Je voulais savoir ce qu'il pensait de cette mobilisation tout à fait nouvelle et du courant nationaliste qui se dessinait en Ukraine, en tout cas c'était mon sentiment instinctif. Je me demandais si, de son côté, il voyait monter les signes d'une marche vers l'indépendance côté ukrainien. J'ai pointé la récente décision du pouvoir, encore communiste à Kyiv, d'autoriser les citoyens soviétiques ukrainiens à faire leur service sur le territoire de la république, qui me paraissait significative… Il a éclaté de rire, m'a expliqué que parler d'indépendance ukrainienne était bien une occupation absurde de journaliste et m'a renvoyée chez moi. Un an plus tard, l'Ukraine était indépendante…

Je suis heureux que tu aies eu cette expérience. Car en réalité, toute la chaîne d'évènements qui s'est produite avant la fin de l'URSS, quand tu étais à Zaporijjia, et ensuite et encore aujourd'hui, répète la même phrase. « L'Ukraine n'est pas encore morte. » L'hymne ukrainien, cette bataille pour l'existence est à la fois une expérience historique, politique, et je dirais métaphysique. L'idée en est que nous ne sommes pas prêts à disparaître. Et aujourd'hui, c'est la réponse qui est faite aux déclarations de Medvedev, Poutine et les autres sur le fait que l'Ukraine n'existe pas. Tu as touché alors le pouls du ressort essentiel d'une bataille qui est toujours en cours.

C'est tout à fait cela. C'est l'idée que vous n'êtes pas prêts à mourir. Et ce qui frappe, c'est le chemin qui mène vers l'émergence de l'Ukraine en tant que nation. Avec des tas d'expériences et épisodes historiques, qui, comme tu l'as déjà expliqué, jalonnent cette émergence, ce renforcement de l'identité nationale. Holodomor, la famine organisée par Staline en Ukraine qui vise à casser cette colonne vertébrale ukrainienne, dont nous parlions précédemment, est évidemment l'un de ces épisodes.

La famine de Holodomor a été un moment clé. Des millions de gens ont vu ce que le pouvoir stalinien voulait faire de nous. L'hymne ukrainien, c'est l'expérience vécue réellement par des millions de gens, de la traversée de cette mer Morte. Les gens la traversent mais l'expérience reste dans la mémoire sociale collective, à travers les récits de nos grands-mères. À Kyiv, les gens ont appris tout cela à travers les récits qu'en faisaient les fuyards qui arrivaient de Kharkiv, où avaient été établies des zones d'où les gens n'avaient pas le droit de sortir pendant la famine organisée. Mais on mourait de faim aussi à Kyiv dans les années 1930. Dans leur Livre noir publié à Lausanne (17), Vassili Grossman et Ilia Erhenbourg ont parlé du destin de certaines familles, et notamment celui des Glagolev, une famille célèbre d'Ukraine. Ils ont raconté comment Tatiana Glagolev avait, dans les années 1930, trouvé dans la rue des enfants de paysans réfugiés qui mouraient de faim et qu'elle s'était mise à les nourrir. Cette marche de la conscience nationale ukrainienne a ensuite franchi des étapes décisives, sur le plan collectif, pendant la révolution orange de 2004, puis la révolution de Maïdan en 2014. Mais c'est très important que tu aies vu ça en 1990 car tu as une expérience personnelle d'un moment extrêmement significatif. À partir du moment où les vannes de la parole se sont ouvertes, les gens n'ont plus eu peur de dire la vérité. À partir de là, ils n'ont plus jamais renoncé à ce droit. La Glasnost n'a plus jamais disparu. On n'a jamais eu de fusillade contre le parlement comme en Russie ni le retour de la censure complète à la télévision… De plus, cette liberté de parole s'est accompagnée d'une expérience de victoire sur « la mort civique ». Cela veut dire que la société se mobilise pour avoir un droit de regard sur les affaires de la cité. Et si d'aventure l'État veut l'en empêcher, elle est prête à aller jusqu'au bout de la résistance. J'ai très bien connu les créateurs du mouvement Roukh, et notamment Myroslav Popovytch (18). Car j'étais thésard, quand il était le leader intellectuel de l'Institut de philosophie d'Ukraine. C'était un véritable intellectuel européen qui parlait français, allemand et anglais. Il est vite devenu le principal opposant de Léonid Kravtchouk (premier secrétaire du parti communiste d'Ukraine) dans les débats télévisés entre le Roukh et le Parti communiste. Et même si c'est Kravtchouk qui est ensuite devenu le premier

Président de l'Ukraine, Popovytch a gagné tous ces débats suivis passionnément par la société, sur le plan moral et intellectuel. L'autre fondateur du Rukh, Viatcheslav Brioukhovetski, un critique littéraire, a recréé l'université Mohyla, qui avait disparu sous le communisme. Il m'a invité à y travailler.

Pour revenir à Zaporijia, c'est un moment très important. Car ce que tu y as vu en 1990 continue aujourd'hui. La figure de l'ataman cosaque demeure un symbole de l'esprit ukrainien. On l'a d'ailleurs beaucoup dit pendant les évènements de Maïdan. Ce grand rassemblement, cette mobilisation collective de la société c'est la reprise de la société cosaque zaporogue, la « Sitch » (19) ! On dit aussi aujourd'hui que les soldats de l'infanterie de marine qui se sont battus farouchement dans les souterrains de l'usine Azovstal (ils ont finalement rendu les armes le 20 mai) sont aussi les héritiers de cette tradition cosaque. Ces soldats se battent pour notre liberté. Ils ont impressionné le monde parce qu'ils n'ont pas peur de la mort. Aujourd'hui, les autres hommes et femmes qui sont au front à l'Est de l'Europe, se battent pour quelque chose qui est plus important que de perdre la vie, plus fort que la peur de la mort.

Il me semble que nous touchons là à quelque chose d'extrêmement important de l'expérience ukrainienne pour l'avenir de l'Europe et du monde. En Occident aujourd'hui, les valeurs européennes fondamentales qui sous-tendent nos sociétés, dorment. Nous les utilisons comme des billets de banque ou une carte de crédit, sans avoir d'accès direct aux réserves d'or auxquelles elles sont adossées. Mais ces réserves d'or existent réellement physiquement sous forme de lingots. Il nous arrive très rarement de les entrapercevoir, de les toucher du doigt… Si ces lingots n'existaient pas, tout serait immédiatement et complètement dévalué, tout perdrait de sa valeur, plus rien n'aurait de sens. Et il me semble que toute la crise européenne, et aussi française, actuelle, vient de ce que ces valeurs paraissent avoir été dévaluées totalement. La politique est devenue un simple bout de papier. Mais à travers l'Ukraine en résistance, on a accès à cette réserve d'or qui permet de garantir nos valeurs. Nous voyons des gens qui sont concrètement prêts à mettre leur vie dans la balance pour les défendre.

Le refus de la mort civique

Ce que tu dis est très fort. Car en Europe, l'idée de mettre sa vie dans la balance, l'idée que la politique ou la défense de la démocratie pourraient redevenir une question de vie ou de mort, a été largement évacuée. On s'est crus dans une posthistoire éloignée de la guerre, du tragique, dans un monde qui peut être géré par la diplomatie, la négociation, un monde dans lequel on n'aura plus

besoin de risquer sa vie. Ce qui me paraît important, dans cette résistance ukrainienne, c'est que c'est un combat pour la liberté politique et pour la nation ukrainienne. Il y a un combat plus grand que leur propre destin individuel. C'est un sacré exemple pour les Européens.

Ta remarque sur la défense de la nation est juste. Mais il s'agit d'un lien particulier entre ma personne propre et un tout social plus large. Je ne me fonds pas dans ce tout national, je ne me détruis ni ne m'annule. Chaque visage, chaque personnalité est importante. Quand tu viendras à Kyiv, tu verras l'allée de la « centaine immortelle », qui monte de la place de Maïdan vers le Parlement. Tu y verras affichés les visages de jeunes étudiants, mais aussi de gens plus âgés. On voit chaque visage. C'est central. Et près de la cathédrale Saint-Michel, également à Kyiv, on a aussi un mur avec des milliers et des milliers de photographies des morts tombés au Donbass. Chaque visage est clé, il n'y a pas de fusion. Tu as dû voir les images des cérémonies qui étaient organisées chaque fois qu'on rapportait un cercueil du Donbass toutes ces dernières années. Que ce soit un retour au village ou en ville, des milliers de personnes s'alignaient sur la route pour rendre un dernier hommage à chaque soldat unique tombé pour la patrie. Cela continue et c'est un message clair ! Toute la nation suit ce qui arrive à un seul des siens. Mais bien sûr, cet individu est lié à un tout ; à la nation citoyenne. Ce que l'on surmonte, dans cette guerre aujourd'hui, ce n'est pas seulement la mort physique, c'est aussi la mort civique. J'en ai dit un mot, mais je dois insister. La mort civique, c'est l'annihilation des droits. Nous avons déjà parlé des dissidents, qui mettaient des antennes en Ukraine pour entrer en contact avec le monde européen dont ils étaient coupés. Ou du grand poète Vasyl Stus, originaire de Kyiv, qui protestait publiquement pour se dresser contre le stalinisme puis le brejnévisme. Tous refusaient la mort civique, tous réclamaient une vie de citoyen libre. Or, cette expérience de refus de la mort civique à la fois individuelle et collective est capitale en Ukraine. Exemple : le compositeur ukrainien Valentyn Sylvestrov a été exclu de l'Union des compositeurs soviétiques dans les années 1960 pour avoir protesté contre l'entrée des troupes soviétiques à Prague. *De facto*, c'était une interdiction de pratiquer sa profession, c'était la perte de son moyen de subsistance. Il faisait partie d'un groupe d'avant-gardistes qui avaient eu ce courage. On l'a menacé de mort civique ; on voulait l'empêcher de subvenir aux besoins de sa famille. Et il me semble que le fait de connaître cette expérience, qui fait qu'on t'isole, qu'on te coupe de tes amis, puis qu'on t'envoie en camp, finit par faire comprendre à ceux qui résistent qu'ils peuvent être plus forts que le système qui les condamne, en étant solidaires des autres prisonniers du camp, en continuant à penser par eux-mêmes et en continuant à dire la vérité.

L'ancien dissident Myroslav Marynovic, avec lequel je parle régulièrement, m'a raconté que, pendant son séjour au goulag pendant dix ans, les autorités carcérales ne cessaient de l'accuser, lui et les autres prisonniers, de calomnier le pouvoir soviétique. Mais un jour, il a entendu le responsable du camp dire à un prisonnier : demandez à Marynovic, lui ne mentira pas. Pour lui, c'était un sacré éloge, car même le responsable du camp savait au fond de lui que Marynovic avait une conscience et donc qu'il ne mentait pas. Quand Marynovic a été arrêté, on lui a dit : maintenant cela suffit. Soit vous êtes avec nous, soit vous êtes contre nous. Et là s'est produit un moment extraordinaire. Il leur a dit en face pendant son interrogatoire : je ne suis pas avec vous. Il aurait pu se taire. Mais il a brûlé les ponts, il a franchi le Rubicon. Or, quand cette décision est prise, on ne peut plus rien vous faire. Il avait conscience de porter en lui quelque chose qui était indestructible. Aujourd'hui, on ne cesse de m'interroger : pourquoi n'avez-vous pas peur ? Pourquoi l'Ukraine résiste-t-elle ainsi ? Eh bien exactement pour la même raison que Marynovic face à l'officier du KGB. Sauf qu'on n'est plus dans un dialogue entre un dissident et le KGB, mais dans un face-à-face beaucoup plus large. Sur la place de Maïdan, en 2004, puis en 2014, a fini par apparaître « le trésor de la résistance » dont nous parlions à l'instant. En période ordinaire, toute notre société vit dans une situation de circulation de « valeurs de papier » telle qu'on finit par perdre de vue qu'il y a un trésor. Puis, à un moment donné, ce dernier resurgit tel un miracle social, une révolution pacifique. N'oublions pas non plus que ce que tu as vu à Zaporijia s'est produit après Tchernobyl. Les gens ont compris que le pouvoir soviétique faisait apparaître, par son comportement irresponsable, une menace réelle pour la santé de millions de gens. Si on ouvrait la fenêtre, une radiation pourrait rentrer. C'est cette expérience, et aussi toutes les anecdotes incroyables et satiriques sur la nature du pouvoir et de ses mensonges, qui a scellé le destin de l'Ukraine. Elle a refusé de mourir.

Quel élément domine dans cette expérience de résistance ? Peut-on dire qu'elle est avant tout liée à la tradition des cosaques zaporogues, à leur mode d'organisation politique non centralisée, assez anarchique, presque libertaire, au fait que les Ukrainiens acceptent difficilement l'autorité de l'État centralisé, ou cette résistance s'explique-t-elle surtout par l'affirmation de la nation ukrainienne, de son identité distincte de la Russie ? Ces éléments sont évidemment liés, mais en Russie, on a vu aussi une dissidence comparable à l'époque communiste, des tentatives parallèles au niveau individuel d'échapper à la mort civique, comme l'ont montré les exemples d'Alexandre Guinszbourg, d'Alexandre Soljenitsyne

et de bien d'autres. Qu'est-ce qui était différent en Ukraine pour qu'elle relève ainsi la tête ?

Il est tout à fait juste que l'effondrement de l'URSS n'a pas été un accident mécanique, pas une affaire technique. C'était la mort politique de l'empire. La disparition de cet État est quelque chose qui en France est impossible à imaginer, car la France ne s'imagine pas périr…

Cette idée commence parfois à nous traverser l'esprit…

Il y a néanmoins une différence de taille entre une idée inquiétante et l'expérience vécue réellement. Les Français continueront de vivre dans un État qui ne disparaîtra pas. Or, les citoyens de l'ex-Union soviétique ont eu une expérience très concrète de disparition de l'État auquel nous appartenions. En Ukraine et dans les pays baltes, on avait le sentiment d'une colonisation, et la disparition de l'URSS a donc été perçue comme la mort de la métropole. C'est pour cela d'ailleurs que la Russie a naturellement fait figure d'héritière de l'URSS ; de tous les biens diplomatiques, de l'armée. La continuité du lien avec l'empire perdu est restée évidemment infiniment plus grande en Russie. Nous avons mentionné précédemment qu'une large partie de l'Ukraine, plus de 13 millions de personnes, avait été occupée par l'URSS en 1939. Pour eux, les choses étaient claires. Partir, c'était rompre avec l'occupant. Dans les autres régions, la mémoire des répressions était aussi très importante. Le centre de la prise de décision sur la famine organisée de Holodomor qui a frappé les régions orientales de l'Ukraine, en particulier Kharkiv, était à Moscou, dans la métropole, c'était un projet stalinien. Et on s'y souvenait aussi que dans l'empire russe, au 19e siècle on avait interdit la langue ukrainienne. On se souvenait qu'au 20e siècle, la Russie avait déporté dans les années 1920 l'intelligentsia ukrainienne vers les terres de Sandarmokh en Carélie, et l'avait fusillée en même temps qu'elle fusillait l'intelligentsia russe et polonaise. Et en conséquence, le rejet de ce passé épouvantable a donné une force très importante au sentiment national.

Le mépris de l'homme imposé par le KGB

Comment le système soviétique se comportait-il envers l'être humain ? Le modèle politique soviétique, d'*Homo sovieticus*, était structurellement contradictoire : d'un côté, il déclarait une éducation soviétique. Il fallait étudier, on encourageait les universités, les bibliothèques, le ministère de la Culture, l'Académie des sciences, toute cette machine scientifique soviétique qui a permis de concevoir l'arme nucléaire. C'était un projet éducationnel, l'idée que si l'homme est éduqué il devient plus utile à la société. Il y avait dans cette approche une hypocrisie fondamentale.

Car le deuxième élément de ce modèle, qui se profilait en coulisse, mais n'était jamais totalement avoué ni montré en public, c'était le paradigme de l'État policier, le regard totalement méprisant sur l'homme que posent le NKVD, la GPU et le KGB. Leur idée est que l'homme est un animal qui a peur, et que l'on peut totalement le briser et le transformer comme une masse plastique et soumise à l'aide de la violence de l'État totalitaire. Ces deux modèles étaient en réalité contradictoires mais étaient menés de front en URSS. Quand tout s'est effondré, le système d'éducation a été abandonné, non financé, et c'est du coup le modèle du KGB qui s'est mis à dominer totalement, mettant en avant l'idée que l'homme est mauvais et manipulable, que celui qui aura de l'influence sur lui peut en faire ce qu'il veut.

C'est le modèle de Poutine. C'est ce modèle qu'on a vu à l'œuvre au Kremlin dans l'interprétation qui a été faite des évènements de Maïdan de 2014. Nous, qui l'avons vécu, nous savons que c'était un évènement vraiment authentique et autonome, une vraie révolution ukrainienne menée par des millions de gens descendant volontairement dans la rue. Mais le pouvoir russe s'est persuadé que les manifestants étaient payés. C'est un angle mort qui révèle les limites de la rationalité guébiste, car elle n'est pas capable de décrire le réel. C'est la même logique qui mène à voir en l'organisation Mémorial qui se bat pour défendre la mémoire des crimes du communisme, un agent de l'étranger, pas un mouvement authentique et légitime. Nous pensons que c'est une forme d'aveuglement stupide, mais nous nous trompons, car il s'agit d'une forme de système. L'équipe poutinienne pense vraiment que les Ukrainiens résistent parce qu'en coulisse se cache l'Occident. Or, nous savons que l'Occident, et notamment Mitterrand, Bush, ne voulaient pas de l'indépendance ukrainienne. Nous savons que les Ukrainiens agissaient de manière autonome même quand l'Occident n'était nullement l'allié de leur indépendance. Le Kremlin a voulu installer l'hypothèse d'un complot de l'OTAN qui chercherait à s'étendre à l'Est, à passer la frontière. Mais aucun OTAN n'a passé la frontière. Ce sont les gens, les Ukrainiens, les Baltes qui ont voulu la liberté. L'incapacité de Moscou à comprendre cela montre l'indigence de l'approche du KGB. Mais il faut noter que le KGB est parvenu à imposer sa version des faits dans la société russe, en matraquant sans relâche l'idée à la télévision, que les gens qui veulent vivre leur propre vie ne peuvent être que manipulés. L'idée que ces gens pourraient avoir le droit de choisir, sans être une menace, ne leur vient pas à l'esprit.

Peut-être que tant de gens en Russie se sont mis à croire le KGB, parce qu'il est plus facile de vivre, en acceptant l'hypothèse du Kremlin ? Si les Russes acceptent de voir la

vérité de cette autonomie ukrainienne, ils verront, comme en ombre chinoise, le fait qu'eux-mêmes sont incapables d'arracher cette liberté pour eux-mêmes. Si on reconnaît que les Ukrainiens ont ce courage que nous n'avons pas, c'est une remise en cause qui fait très mal.

C'est vrai, cet aveuglement les débarrasse de la honte, ils acceptent l'idée que les individus sont mus soit par l'appât du gain, par le fait qu'on les achète, soit par la violence et la coercition. L'idée que les gens puissent eux-mêmes sortir dans les rues sans avoir peur, est difficile à avaler car elle signifie pour les Russes qu'eux-mêmes sont des poltrons, qu'ils ont peur les uns des autres, et peur des services spéciaux et de l'État. Alors, il faut faire corps autour de l'État, pour ne pas avoir honte de la peur. La liberté n'est plus jugée nécessaire, ni la leur ni celle des autres.

Il faut ajouter que l'élite qui avale l'explication du pouvoir a vécu très confortablement, et a développé une philosophie de cynisme généralisé, qui peint le monde comme très sale et amoral. A émergé l'idée du cynisme comme règle de comportement social.

Dans la Russie post-soviétique, ce cynisme est allé très loin, parce qu'on a renoncé, comme je l'ai mentionné, à la dimension éducative et optimiste du régime soviétique. En ce sens, le pendule est parti en sens inverse… Maxime Gorki, écrivain et chantre du régime, avait dit :

« L'homme ça sonne fier ! » Mais désormais, les gens ont commencé à se dire que l'individu est cynique et plein de bas instincts. Si on regarde les studios Mosfilm, on voit une femme et un homme se tenant côte à côte brandissant la faucille et le marteau de manière fière et glorieuse, une image triomphante de l'être humain. Mais ce triomphe a pris fin avec l'effondrement de l'URSS et de la culture soviétique. Le code moral de l'homme soviétique avait été idéalisé, ce n'était pas un modèle ouvertement cynique, comme le montrait le système des pionniers, des komsomols, etc. Après l'échec du communisme, les gens ont compris que tout s'était effondré, tous les mythes. Mais du coup, ils se sont mis à tout critiquer, pas seulement les écrivains qui avaient chanté le communisme mais aussi les écrivains antisoviétiques comme Anna Akhmatova ou Marina Tsvetaïeva. La culture a été dévaluée, et cela a affaibli les capacités de résistance de la société aux attaques du KGB. Par inertie, on s'est mis à tout dénoncer, pas au sens de la critique responsable, mais dans un sens destructeur, qui ne laissait rien debout. Tout le monde a été visé, même les grands écrivains Varlam Chalamov et même Ossip Mandelstam, qui avaient pourtant été des martyrs du système soviétique. Encore une fois, il fallait montrer que personne n'était sans péchés ni exceptionnel. Il fallait effacer la frontière entre la Russie qui était derrière les barreaux et celle qui mettait en prison, afin de masquer les pages honteuses des anciens piliers du système. Ce même processus ne s'est pas du tout produit en Ukraine, où l'on a au contraire honoré la mémoire des grands écrivains réprimés comme Vasyl Stus.

Tout le monde n'est pas achetable

Pourquoi ? Parce que chez vous, on s'efforçait de créer une conscience nationale sur laquelle s'appuyer pour construire ?

Oui, on cherchait réellement une alternative politique. Cela nous a aidés à résister. L'un des acteurs du complot contre Hitler, qui fut ensuite arrêté et jugé, Dietrich Bonhoeffer, a raconté dans ses carnets de mémoires que le système totalitaire impose un regard méprisant sur l'homme, sur le fait que l'homme est un salaud. Mais nous devons refuser ce regard. Il est indispensable de ne pas généraliser l'expérience de la collaboration, de ne pas la voir comme une expérience sans exception. Je me suis toujours dit pour ma part que si Myroslav Popovytch avait résisté, cela voulait dire que je disposais d'un point d'appui qui me permettait de refuser l'approche méprisante et négative de l'*Homo sovieticus* sur la nature humaine. Cela me permettait d'affirmer que non, on ne peut faire n'importe quoi avec l'être humain, tout lui infliger. Tout le monde n'a pas été mouillé, compromis, tout le monde n'était pas achetable, tout le monde ne cède pas. Savoir cela change tout ! Cela permet une autre anthropologie. Quand tu sais qu'il y a un autre chemin, cela te donne le courage d'aller jusqu'au bout. Si un homme n'a pas été brisé, cela veut dire que moi aussi, j'ai quelque chose en moi qui ne peut être brisé. Au début de la révolution de Maïdan, quand on voyait comment se comportaient les forces spéciales, on a compris qu'on devait surmonter notre peur physique, pour sortir et marcher avec les autres… Cette pratique de la résistance a créé la fusion de deux choses : le refus de la mort civique, et la création d'un espace où prévaut la vérité. La vérité se met à vivre dans la mer humaine qui résiste, elle change elle-même l'environnement. La vérité se dit *Pravda* en russe et en ukrainien. Le mot de Pravda est le mot clé du dictionnaire politique des cultures des Slaves orientaux, car la Pravda, c'était le code de lois à l'époque de Iaroslav le Sage au 11e siècle. Et à chaque étape de crise, ce mot de Pravda a été crucial. Ainsi, quand le recteur de l'université Mohyla, Théophane Prokopovitch, a dû écrire à la demande de Pierre le Grand, un document qui légitimait le nouvel empereur, ce document s'est appelé la *Pravda*. Il exprimait la volonté du monarque. Quand au 19e siècle, les décembristes russes qui sont revenus d'Europe la tête pleine des Lumières ont écrit leur constitution jacobine, Pestel l'a aussi baptisée la *Pravda*. Et au 19e siècle, le journal clé qui émerge s'appellera la *Pravda*, puis le journal fondé par Trotski en 1912 s'appellera lui aussi la *Pravda* et deviendra le journal le plus célèbre du 20e siècle.

Pourquoi on assassine encore les témoins de la vérité

La Pravda, c'est un fil, qui indique le droit et la vérité. Le journaliste ukrainien Gueorgui Gongadzé avait aussi créé un organe de presse, *Ukrainska Pravda*, pour dire « la vérité », et a été assassiné pour avoir défendu cette dernière…

Tu as toi-même dit dans le cours de notre entretien que la destruction de la vérité, c'est la tempête qui emporte tout. Car s'il n'y a pas de vérité, tout est possible, tout peut être transgressé.

On peut dire d'une certaine manière que ce qui se passe aujourd'hui, c'est une bataille pour la vérité. On se bat pour un champ civilisationnel dans lequel on peut dire la vérité, dans lequel on n'est pas isolé pour la dire.

J'ai une question sur la question de la vérité historique et le travail qui a été fait entre les historiens russes et ukrainiens à ce sujet. Y a-t-il eu une tentative commune de chercher la vérité sur les sujets très sensibles de

l'histoire, comme le Holodomor, ou le rôle de Petlioura ou Bandera ? Y a-t-il eu accord sur ces sujets dans les années 1990 ? La Russie avait reconnu les crimes de Katyn (elle semble peu à peu revenir là-dessus comme le montrent les travaux révisionnistes stupéfiants d'historiens russes proches du pouvoir), mais a-t-elle reconnu la réalité de la famine organisée en Ukraine ? En quoi cette famine est-elle différente de la famine organisée par Staline pendant la collectivisation et la dékoulakisation pour détruire la colonne vertébrale qu'était la paysannerie russe ? Les historiens des deux pays sont-ils d'accord là-dessus ?

Tu as tout à fait raison sur le fait que cette discussion sur notre histoire commune est absolument nécessaire. Elle s'est relancée plusieurs fois, dans les années 1990 et 2000, mais à chaque fois, elle a rencontré des obstacles et s'est enrayée. J'ai participé à ces discussions. Sur ces sujets, comme le Holodomor, des historiens occidentaux ont participé à ce travail, on a vu par exemple des documents publiés sur la base de sources diplomatiques italiennes et polonaises à Kharkiv, notamment par l'historien Andrea Graziosi (20).

Entre Petlioura, Pilsudski et Orwell

Ces historiens occidentaux ont aidé à ouvrir le dialogue qui était compliqué et à créer un espace de discussion. Mais il est évident qu'il y a des *casus belli* dans ce dialogue difficile et qu'il est devenu impossible en Russie d'aller vers une forme d'évaluation critique de la politique stalinienne de l'époque. C'est ce qu'a montré le destin de l'historien Iouri Dmitriev, qui avait travaillé sur l'identification des restes des fosses communes des victimes de la répression stalinienne, tuées par le NKVD en Carélie, et qui a été jugé et emprisonné sous un faux prétexte. Il était venu à Kyiv pour comparer ces tombes avec d'autres fosses communes où le NKVD avait éliminé énormément de victimes polonaises, ukrainiennes et autres, à Bykivnia, dans la région de Kyiv (21). On avait développé ensemble avec l'aide d'experts polonais, une méthode d'étude des crânes des victimes pour procéder à des reconstitutions, mais ce travail commun s'est arrêté après l'arrestation de Dmitriev, qui a été condamné à 15 ans de prison en décembre 2021. Bref, tout ce travail historique en commun, existait, il avait donné lieu à des rapports, on avait l'idée de répéter le modèle de la Commission de la justice et de la réconciliation sud-africaine, en ajoutant le mot de vérité dans l'intitulé. Mais ce travail a été stoppé. C'est très dommage, car beaucoup de personnages historiques méritent notre attention et une évaluation sérieuse, de Mazeppa à Petlioura ou Bandera. Petlioura, qui fut l'un des leaders de l'indépendance ukrainienne et le chef de l'État ukrainien en exil après l'occupation de la brève république indépendante d'Ukraine (22), est lié à la

France. Exilé à Paris, il a d'ailleurs été assassiné à l'angle de la rue Racine et du boulevard Saint-Michel. C'est apparemment un homme des services secrets soviétiques qui l'a assassiné pour des raisons clairement politiques. Son engagement pour l'Ukraine et son alliance avec le chef de la Pologne indépendante Józef Piłsudski, même après son émigration vers la France, représentaient un risque majeur pour la jeune Union soviétique. C'est grâce à la bataille menée en commun par les nationalistes polonais et ukrainiens qu'une partie de l'Ukraine est restée polonaise jusqu'en 1939. Les deux hommes constituaient un obstacle essentiel à la progression de l'empire soviétique vers l'ouest, et on voit réapparaître aujourd'hui cette alliance polono-ukrainienne, cent ans plus tard. Petlioura a été beaucoup calomnié à l'époque de l'URSS et accusé d'être complice de pogroms, mais des documents qu'ont sortis les historiens ukrainiens et étrangers montrent que ces informations étaient tout à fait mensongères. Mais il est confirmé qu'il a été tué en 1924 par un certain Samuel Schwarzbard. Détail scandaleux, le tribunal français qui a rendu le verdict, a justifié ce meurtre, reprenant les éléments de langage des services secrets soviétiques sur son supposé antisémitisme. De manière générale, Petlioura a été complètement noirci et diabolisé comme personnalité, et nos ennemis essaient d'utiliser ces accusations pour sous-entendre que l'Ukraine est un pays antisémite.

Mais c'est faux. Les leaders juifs de l'époque affirmaient d'ailleurs que sous son règne, il y avait beaucoup moins de problèmes d'antisémitisme, et qu'il n'était pas antisémite. Aujourd'hui, l'Ukraine est le pays avec le taux d'antisémitisme le plus faible d'Europe selon une enquête d'opinion internationale régulièrement administrée à travers le monde pour évaluer le degré de xénophobie des différents États. C'est aussi le pays où il y a eu longtemps un Président et un Premier ministre juifs en même temps dans les années récentes. Aujourd'hui encore, notre président est juif. Tous ces allers-retours entre le passé séculaire et la période que nous vivons nous aident à éclaircir les enjeux actuels de la rechute impériale russe. Il n'est pas anodin qu'aujourd'hui, à Moscou, on s'apprête à monter en épingle à l'approche de décembre 2022 un grand show politico-idéologique pour le centenaire de la création de l'Union soviétique. Il aura lieu en la cathédrale Saint-Sauveur, jadis rasée par Staline et remplacée par une piscine avant d'être reconstruite sous Eltsine. Ce qui contrarie aujourd'hui la tonalité de cette nouvelle aventure géopolitique, comme à l'époque de Pilsudski et Petlioura, c'est la résurgence, remarquable de l'alliance polono-ukrainienne. Elle permet sur le terrain de stopper l'agression de l'armée russe, et sur le plan symbolique, elle aide les Européens de ne pas se laisser abuser par les sirènes de la revanche néosoviétique.

Le destin tragique de Bandera, entre deux totalitarismes

À la fin des années 1980, j'ai rencontré le grand dissident Léonid Pliouchtch, qui m'a longuement parlé de l'Ukraine après la révolution, et donné des écrits qui racontaient comment certains diplomates français avaient essayé d'aider la brève république indépendante d'Ukraine en 1917-18. Mais leurs efforts avaient été battus en brèche par ceux qui ne croyaient pas à l'Ukraine par tropisme russe. Il m'avait parlé de Petlioura mais aussi de Stepan Bandera, ce personnage controversé, apparemment plus complexe que ne l'a dit la propagande soviétique. Qui était-il vraiment ?

J'ai fait connaissance de Leonid Pliouchtch au début des années 1990. Il travaillait à Radio Liberté et a enregistré pour la radio deux interviews avec moi. Il savait que ma thèse, qui avait été publiée, touchait au rôle du jeu dans l'éducation des enfants, comme aspect du développement libre. Cet « homme qui joue » était ma première réponse à l'*Homo sovieticus*. En tant que dissident, ayant énormément souffert, il était intéressé par cette approche du jeu dans l'anthropologie culturelle, qu'il avait explorée dans son ouvrage *Au Carnaval de l'Histoire* (23). J'allais donc le voir toutes les semaines. Il était férocement critique de l'antisémitisme. C'était un chevalier.

Pliouchtch m'a fait comprendre plusieurs choses. Il y a les faits et il y a la légende concernant Bandera (24). Stepan Bandera a été présenté comme un monstre, mais il n'a jamais tenu un fusil. Pliouchtch émettait l'hypothèse qu'il avait été choisi comme cible de la propagande soviétique à cause de son nom, car le nom « Bandera » rappelait le mot « Bande ». Ce que l'on sait pour sûr, c'est que Stepan Bandera a été tué par le KGB le 15 octobre 1959 à Munich. Né en 1909 dans l'Empire austro-hongrois, il avait 23-24 ans au moment de la famine artificielle en Ukraine. Ces crimes, et tous ceux qui furent ensuite perpétrés par l'URSS à l'encontre de la population ukrainienne dans les années 1930, notamment lors de la grande purge de 1937-38, ont clairement influencé l'orientation politique de Bandera. Quoi qu'on puisse en penser, ce qui apparaît clairement dans son parcours personnel et politique, c'est qu'il a été pris dans l'étau tragique de deux totalitarismes, le nazisme et le stalinisme, et que la plupart des membres de sa famille ont connu un destin tragique, du fait de son engagement pour l'indépendance de l'Ukraine. En mai 1941 son père Andriy Bandera, est arrêté par la police politique communiste NKVD qui l'exécute le 10 juillet 1941. Le même jour, ses sœurs, Maria-Marta et Oksana, dont le seul crime aura été d'avoir été membres de la famille d'un « ennemi du peuple », sont déportées en Sibérie d'où elles seront libérées en 1960 mais avec interdiction de retourner en Ukraine. Seule Oksana y retournera finalement en 1989, pendant la perestroïka. Ses frères, Okeksandr, politicien nationaliste diplômé en économie politique des universités de Lviv et de Rome, et Vasyl, politicien nationaliste diplômé en philosophie de l'université de Lviv, seront eux arrêtés par la Gestapo en 1941 et internés à Auschwitz où ils mourront en 1942. Bandera lui-même sera finalement assassiné par le KGB en 1959 à Munich, à l'aide d'un poison. Pour les Ukrainiens cet assassinat lui confère un statut de martyr de l'indépendance, tandis que les Soviétiques et leurs héritiers russes le voient comme un « bandit », comme tous les autres nationalistes. Ses assassins n'ont pas été jugés mais on juge sa mémoire. Mais devant quel tribunal ? Qui sont ses principaux procureurs ? Les héritiers du KGB, c'est-à-dire ces mêmes gens et institutions qui l'ont tué, lui et des millions d'autres. Alors je me demande : comment doit-on procéder à l'évaluation légale et morale de son action aujourd'hui ? Je le répète, la tragédie de Stepan Bandera est d'avoir été pris en tenaille entre deux régimes totalitaires. Profondément traumatisé et obsédé par la lutte contre l'envahisseur soviétique, il a eu l'illusion qu'il pourrait utiliser son alliance avec l'Allemagne nazie pour chasser l'armée rouge de sa patrie. Mais l'utopie consistant à proclamer un État ukrainien indépendant en 1941 n'a jamais vu le jour. Les Allemands craignant de donner des armes aux Ukrainiens, n'ont pas voulu donner la moindre parcelle d'autonomie au peuple d'Ukraine et ont déporté Bandera dans un camp allemand dès 1942. Sa volonté de faire revivre le phénix de l'État ukrainien était un geste désespéré pour protéger le pays. Plus largement, comme le note Timothy Snyder, si les terres d'Ukraine ont connu une telle tragédie et ont été à ce point des terres de sang, c'est précisément parce qu'elles n'avaient pas de structure étatique pour les protéger. L'Ukraine a perdu 15 millions de personnes, ce qui en a fait selon lui à cette époque l'endroit le plus dangereux du monde. Par la suite, les Ukrainiens de l'émigration ont vécu dans l'espoir de voir réémerger ce phénix de l'État ukrainien, qui n'avait eu qu'une existence éphémère. L'ouverture de la perestroïka leur a permis de s'engouffrer dans la brèche, comme on l'a vu avec le rôle joué notamment par les Ukrainiens de Harvard comme Roman Szporluk, pour contribuer à ce que le rêve finisse par devenir réalité. Il est intéressant que tous ces émigrés dont le cœur battait pour l'Ukraine aient été, toute leur vie, taxés de bandérisme par la propagande soviétique. Il s'agissait de discréditer d'emblée toute velléité indépendantiste.

Jusqu'à aujourd'hui d'ailleurs, les Russes prétendent mener un combat contre le nazisme en se référant à lui et à ses supposés « héritiers »...

N'oublions pas que le pacte Molotov Ribbentrop a duré deux ans et que le régime soviétique et le régime nazi étaient alors ensemble. Les nazis ont défilé à Moscou lors de parades communes en 1940 sur la place Rouge. Molotov et Ribbentrop faisaient de la coopération militaire, ils étaient dans la même bande. On accuse Bandera de fascisme, mais toute personne qui évoque le pacte Molotov Ribbentrop est aujourd'hui accusé de fascisme en Russie ! Cela nous amène à porter un regard tout à fait différent sur la vérité historique. Les gens qui peuvent de sang-froid exposer un mensonge, le font délibérément. Récemment, des historiens russes ont fait valoir à l'ex-ministre de la Culture Vladimir Medinski, que certains pseudo-héros soviétiques n'avaient jamais existé. Il leur a répondu : même s'ils n'ont pas existé, ils font partie de notre légitimité. Cela veut dire qu'en Russie, on peut mentir sur tout. De sang-froid. Pourquoi ? Parce que le régime de Poutine place « son bon droit » au-dessus de l'opposition entre le mensonge et la vérité. C'est une maladie très particulière. Ils disent que nous sommes en guerre, qu'il faut effacer la frontière entre la guerre et la paix, et que tous les moyens, même les plus inhumains sont donc justifiés. Tout ce qui s'est passé pendant la guerre, ils en parlent comme ils veulent, ils défendent leurs mythes comme un droit. Cela a des conséquences énormes car ils peuvent faire ce qu'ils veulent de notre histoire. Tout ce qui aide à démontrer qu'ils ont raison, est jugé légal. On comprend alors qu'ils ne sont pas intéressés de revenir à la paix car ils ont besoin de la guerre pour faire ce qu'ils veulent, pour justifier tout. La guerre leur donne tous les droits. Poutine estime qu'il a un bon droit total, qui lui permet de commettre tous les crimes qu'il veut à Marioupol et ailleurs. Ce n'est pas seulement le droit de la force. La question n'est pas seulement que ce régime a peur du travail de l'organisation Mémorial sur les crimes du régime soviétique et d'un procès du communisme. Pour lui, son « droit » est au-dessus de tous les autres, il se réclame d'une instance supérieure, hors de toute juridiction, que personne n'a le droit de juger. Une licence pseudo-divine qu'il impose de façon fanatique.

Tu as, me semble-t-il, complètement raison. Et le fait qu'il caresse l'idée de démonter l'ordre international pour le remplacer par « son ordre », cette guerre hybride permanente qui efface la vérité et crée une déstabilisation des sociétés de l'adversaire, tout cela est lié. On est dans un scénario orwellien…

Si tu t'en souviens, George Orwell avait rencontré le journaliste britannique Gareth Jones, qui avait publié des articles importants sur la famine Holodomor, qui ont fait scandale en Occident (25). Gareth Jones a fini par être tué par la police soviétique. Cette rencontre a inspiré l'auteur de *La Ferme des animaux* et du fameux roman *1984*. Dans ce roman, Orwell parle du fronton « du ministère de la Vérité » où il est écrit « La paix c'est la guerre ». Il nous semblait jadis qu'il s'agissait d'une métaphore de l'absurde, de l'anti-utopie, mais nous savons que c'est en réalité le fonctionnement de la machine du régime de Poutine. Je pense que psychologiquement, Vladimir Poutine n'a pas la conviction totale de sa légitimité. C'est la raison pour laquelle son mépris, sa fierté maladive, sont aussi teintés de peur. La peur qu'on le juge comme un criminel. Toute la question est de savoir pourquoi l'Occident s'est trompé sur lui, au point de l'inviter, sans hésitation, au G8 et au G20, de fermer les yeux sur ses crimes. Pourquoi un homme qui s'était présenté comme l'anti-Occident et qui est déclaré aujourd'hui sponsor du terrorisme (26), a-t-il été jugé utile et fréquentable ? Pourquoi n'avons-nous pas été capables de renoncer à l'énergie teintée de sang qu'il nous fournit ? La question devient de savoir jusqu'à quel point la politique cynique qu'il pratique s'est infiltrée dans les différentes chancelleries occidentales et de quelles ressources de résistance éthique l'Ukraine et l'Europe disposent. Que choisissons-nous ? Une crise économique globale provoquée par la guerre d'Ukraine ? Ou un changement de paradigme qui nous force à travailler sur nous-mêmes, à changer notre approche ? Nous contentons-nous de bloquer les yachts et les villas des oligarques poutiniens, de leurs idéologues, ou allons-nous plus loin que le blocage de ces avoirs toxiques, en nous demandant comment nous débarrasser de cette dépendance ?

Grossman et Glucksmann, vertige face à l'inhumain

Cela me ramène au livre d'André Glucksmann, *Le XIe commandement*, dont nous avons déjà parlé, et qui a été le premier de ses livres à être traduit en ukrainien. Dans ce livre, il explique qu'en rejetant l'expérience soviétique et ses crimes, nous reprenons à notre compte l'expérience des dix commandements de la Bible, mais qu'on doit y ajouter un 11e commandement, en reconnaissant qu'il y a toujours en l'homme une dose de mal, qui doit le retenir de se lancer dans de vastes expériences collectives. En quoi se distingue l'approche pessimiste du philosophe de celle du guébiste qui méprise la nature humaine ? Elles sont en fait très différentes. Nous savons qu'André Glucksmann était un homme qui s'était dressé contre la guerre en Tchétchénie et a protesté pendant des années contre le régime poutinien. C'était un homme digne, qui n'avait rien à voir avec cette vision de l'État policier. Mais il me semble que son pessimisme, ou plutôt sa prudence, à propos de la part de mal consubstantielle à la nature humaine, ramène en réalité aux autres commandements, et notamment à celui de ne pas tuer ou ne pas voler. Pourquoi créer un nouveau commandement, là où devaient fonctionner déjà les 10 autres ? Glucksmann affirme que seul l'homme est capable de devenir inhumain et que l'État totalitaire efface la honte proprement humaine devant le scandale du meurtre. Que prétendait éliminer le régime soviétique ? Pas Dieu en tant que tel, mais nos yeux ouverts sur l'inhumain. C'est aussi le but du chef actuel du Kremlin. Glucksmann a développé une réflexion morale à partir de l'histoire du totalitarisme du XXe siècle, qui aboutit à ce onzième commandement : rien de ce qui est inhumain ne nous est étranger. Or, ce qui m'intéresse, c'est plutôt de savoir comment tracer la frontière face à l'inhumain qui doit nous être étranger. Autrement dit, comment expliquer à nos contemporains combien l'inhumanité est contraire à ce que nous devons être ?

La différence entre vos regards croisés vient de l'endroit où vous vous trouvez respectivement quand vous réfléchissez, l'un à Paris, en temps de paix, et l'autre à Kyiv, en pleine invasion russe. André Glucksmann énonce une idée philosophique, mais toi tu mets la philosophie au crible de la pratique, pour trouver une issue.

Le présupposé du philosophe en France, c'est la conscience morale, et de ce point de vue, Glucksmann lance un avertissement important et adressé à une conscience morale. Mais pour une conscience volontairement cynique, le fait que l'inhumain ne nous est pas étranger n'est pas un problème, au contraire, il faut effacer la frontière entre l'inhumain et la société des hommes. Pour moi, nous devons rechercher en nous-mêmes le point de résistance à cette tentation vertigineuse. Si nous prenons *Vie et destin*, le grand roman de Vassili Grossman, victime et témoin de la terreur stalinienne, il attire notre attention sur « la bonté d'une vieille qui, sur le bord de la route, donne un morceau de pain à un bagnard qui passe » et sur celle « d'un soldat qui tend sa gourde à un ennemi blessé » (27). Paradoxalement ces constats permettent à Grossman d'affirmer que l'homme n'est pas « impuissant dans sa lutte contre le mal ».

Il me semble qu'il est devenu plus important aujourd'hui de démontrer, non pas que l'homme a une part de mal, mais qu'il est capable de s'y opposer. C'est aussi ce dont parle Levinas, quand il parle du fait que cette bonté touche à l'essentiel, car elle parle de l'humanité au-delà des frontières dessinées entre ceux qui sont devenus des ennemis. Il me semble qu'aujourd'hui, l'un des enjeux principaux se joue dans ce dialogue que je viens d'imaginer entre Glucksmann et Grossman.

Dans notre précédente conversation, nous avons parlé de la « nouvelle élite » ukrainienne qui pourrait émerger à la suite de la guerre. Dans les villes ravagées par le conflit apparaissent des gens qui, dans des situations de danger vital, prennent la responsabilité de s'occuper des autres, de les approvisionner en eau ou en nourriture, de s'occuper d'eux, dans des conditions où eux-mêmes risquent tout, comme ce maire qui a été kidnappé parce qu'il s'occupait du bien commun. Il me semble que ces gens-là empêchent que ne s'installe dans leurs villes, leurs villages, leurs maisons, une véritable catastrophe humanitaire. Ils prennent sur eux le poids de cette responsabilité. C'est la continuation de cette société zaporogue, dont nous parlions précédemment. Ils remettent en ordre les écoles, ils déminent les rues… Sur les universités, nous essayons par exemple, par Zoom, de remettre en place des cours et des cursus qui permettent aux étudiants des zones occupées de se connecter. Pour les étudiants de Kherson, aujourd'hui occupée, il est très important de pouvoir suivre des cours sur Paul Ricœur, de rester connectés à la communauté d'esprit autonome d'une société libre, afin de ne pas être isolés. Cette solidarité sociale va plus loin que l'esprit de Maïdan ou que la communauté des cosaques zaporogues, c'est une nouvelle forme sociale culturelle, qui permet de sentir la limite de nos possibilités et de la transcender parfois. C'est comme notre rapport à un chef-d'œuvre artistique que nous découvrons et que nous aimons tellement que nous voulons que tous l'entendent. Je souhaite par exemple qu'à Kyiv, Berlin ou Paris, la musique de Sylvestrov permette d'éclaircir ce qui se passe dans les villages d'Ukraine, où de simples citoyens par leur comportement permettent à la vie de continuer. Leur action n'agit pas sur nous de la même manière que le tableau célèbre *Guernica* de Picasso. Mais c'est une forme de chef-d'œuvre vivant qui permet de nous ouvrir à ce qui se passe dans le domaine éthique et pratique, quand l'homme atteint la limite du sens et y donne une réponse, s'implique, surmonte la mort civique. L'occupation est une forme de mort civique.

Tout le monde s'étonne du fait qu'à Mykolaïv tombent des bombes sur la mairie, les bâtiments administratifs sont détruits, mais que l'État se définit alors par les gens concrets qui continuent à assurer ses missions. L'État s'incarne en cette fourmilière humaine où chacun fait ce qu'il a à faire, assurant ainsi la continuité, démontrant que l'Ukraine n'est pas morte.

Ce que tu exprimes reflète l'idée que le pouvoir poutinien a montré de manière crue et nue son visage même pour les gens qui n'étaient pas experts et ne voulaient pas voir la réalité. Le moment actuel devient donc la fenêtre politique et collective, au niveau européen, qu'il faut utiliser pour soutenir l'héroïsme et le trésor de résistance

ukrainienne, et l'utiliser pour notre bien commun, à savoir la construction d'une maison européenne. Mais ce que tu notes à propos de Glucksmann n'est pas, me semble-t-il, du tout contradictoire avec ton postulat et celui de Grossman. Ces deux postulats coexistent en réalité. La leçon de Glucksmann, sur l'existence du mal en l'homme, coexiste avec cette capacité de résistance au mal de l'homme que tu évoques. Il me semble que la question est de savoir combien de temps cette fenêtre reste ouverte, quand disparaissent les circonstances de la guerre, ou d'autres circonstances exceptionnelles. Je me souviens qu'après la révolution orange, il y a eu d'énormes espoirs quant à l'émergence de la société civile. Et ces espoirs n'étaient pas vains, on l'a vu en 2014 et on le voit encore aujourd'hui. Mais on a vu aussi d'énormes zigzags et difficultés. Je ne voudrais pas que cette admirable énergie ukrainienne, que ce trésor que l'Ukraine nous offre, rencontre les mêmes difficultés que la révolution orange en Europe, et que l'on en revienne à une forme habituelle de gestion de nos relations avec la Russie de Poutine, cynique, faite de realpolitik, qui perpétue l'impasse historique actuelle.

QUATRIÈME CONVERSATION

L'UKRAINE, LABORATOIRE D'UNE NOUVELLE EUROPE ?

Les slavisants européens et l'impensé ukrainien

Je voulais revenir avec toi sur la faiblesse de la connaissance du monde ukrainien en France. Une sacrée lacune !

Pour la plupart des Français, l'Ukraine était une grande inconnue. Les slavisants français sont invités à poursuivre dans la voie tracée par l'un des plus grands russisants allemands, Karl Schlögel. Il est l'auteur de très importants ouvrages notamment sur l'Union soviétique, sur le Berlin russe des années 1920 et sur « l'archéologie du communisme ». Mais surtout, en 2014, dès l'annexion de la Crimée, il a visité Kyiv, Donetsk et Kharkiv pour en faire un livre, *La Décision à Kyiv, leçon d'Ukraine* (28), que j'ai publié en langue ukrainienne et en langue russe, à partir de l'allemand. Il y raconte le visage original de huit villes en proposant pour chacune une identité narrative fouillée et très pertinente : Kyiv, Odessa, Kharkiv, Donetsk, Dniepr, Lviv, Tchernovtsy, Yalta.

Schlögel y a posé un constat qui n'avait pas été fait par les russisants et les slavisants de France et d'Italie : admettre que la communauté des slavisants n'a pas eu l'Ukraine sur sa carte intellectuelle et culturelle. Il explique que ces experts ont traversé plusieurs fois l'Ukraine, mais toujours en allant vers Moscou ou Pétersbourg. Nous sommes obligés aujourd'hui de faire notre *mapping*, et dire honnêtement que c'est une immense lacune. Un territoire grand comme la France, avec sa culture propre, n'a été ni analysé ni exploré, nous dit Schlogel. Lorsque j'ai mis en contact direct à Kyiv, le grand russisant français Georges Nivat avec Karl Schlögel, Georges Nivat a reconnu que Karl Schlögel avait été le plus courageux d'entre eux. Il a fini par admettre l'existence d'une lacune, et il a commencé à traduire en français l'écrivain et poète Vasyl Stus. Il m'a envoyé une centaine de poèmes de Stus traduits et commentés. Ces derniers devraient paraître sous peu en édition bilingue. On peut considérer ça comme une volonté de combler le vide – ou, pour parler comme Augustin –, comme une manière de *rétractation*.

Ce qui est frappant en effet est la méconnaissance, ou mésestimation, de l'élément culturel ukrainien, de la différence ukrainienne, cette espèce d'Atlantide qu'on ne voyait pas et qui tout d'un coup émerge sur la carte mentale, politique et intellectuelle de l'Europe. Pendant longtemps, cette sous-estimation de l'Ukraine s'est aussi accompagnée de positions politiques justificatrices de toutes les dérives néo-impériales et agressives de la Russie de Poutine… La non-acceptation de la réalité culturelle et politique de l'Ukraine s'accompagnait d'une véritable bienveillance vis-à-vis du régime poutinien.

Il y a un rapport à préciser, à nommer, à expliciter, entre deux choses différentes. La première est l'inexistence d'une réalité autonome de la culture ukrainienne dans les études slavisantes et dans la discipline géopolitique, ce que Karl Schlögel qualifie d'« absence sur la carte ». C'est l'idée que l'Ukraine a été toujours été regardée « à partir du centre impérial », à savoir par exemple au XIXe depuis Saint-Pétersbourg, depuis Vienne, depuis Istanbul, depuis Paris, depuis Berlin… Cette optique impériale a masqué l'existence d'une culture qui n'était pas, elle, impériale, et avait ses propres raisons d'être. Un accord tacite masquait cette réalité – qu'il s'agissait de ne pas prendre en compte, mettre entre parenthèses, ne pas considérer, voire symboliquement éliminer.

L'autre chose qu'il faut prendre en compte, est qu'aujourd'hui des politiques comme Poutine, Medvedev et leurs comparses disent : « L'Ukraine n'existe pas. Si cette réalité n'existe pas – et vous, en Occident, vous êtes plus ou moins d'accord sur le fait que cela n'existe pas, alors nous allons faire tout ce que nous voulons pour que ce soit à nous, pour que ce soit la Russie pour toujours. »

Entre ces deux approches, qui ne sont pas évidemment pas à mettre sur le même plan, il y a néanmoins un lien à explorer. L'ambiguïté par rapport à l'annexion de la Crimée, à la guerre dans le Donbass, et à la situation actuelle, est-elle délibérée et cynique en Occident ? Ou est-ce que les Occidentaux ne comprennent pas qu'il existe bien une langue ukrainienne, une histoire, une nation ? C'est le moment de vérité, le moment de remettre les choses à leur place. C'est le moment de dire : mea culpa, on s'est trompés, il aurait fallu depuis longtemps comprendre que l'existence de l'Ukraine est nécessaire pour arrêter la revanche néo-impériale russe. Nous avons vraiment une chance historique de faire barrage à l'ouragan néo-soviétique qui s'est mis en marche à partir des guerres en Tchétchénie.

Le journaliste Jonathan Littell a noté au printemps que nous sommes choqués par les images de Boutcha, Irpin, Borodianka, précisément parce que ce sont des faubourgs de Kyiv. Parce que ça fait partie de l'agglomération d'une capitale européenne. C'est un peu l'équivalent du bois de Boulogne ou de Saint-Cloud, en tout cas aussi proche de Sainte-Sophie de Kyiv que ces endroits sont proches de Notre-Dame de Paris. En d'autres termes, nous sommes vraiment au cœur de l'Europe – et pourtant, nous voyons des images de civils aux mains liées qui ont été tués d'une balle dans la nuque par l'envahisseur russe. L'onde de choc suscitée par les exactions de Boutcha est due à l'effet de loupe. Ce qui s'est passé dans les environs de Kyiv a rendu visibles les crimes commis auparavant en Tchétchénie, en Syrie, en Géorgie, mais qui restaient invisibles car ils se déroulaient à l'écart, à l'extérieur de notre maison européenne. Car cette fois, c'est comme si on découvrait les cadavres sur le seuil de notre porte ! On ne peut plus faire comme si cela ne nous concernait pas.

Cela nous ramène à nos conversations initiales sur l'utilité de la résistance de l'Ukraine.

Je pense qu'elle constitue un barrage, dans les deux sens de ce terme. En France, vous parlez beaucoup de la nécessité de faire barrage à l'extrême droite et des millions de personnes qui la soutiennent. Il y a donc dans la résistance ukrainienne cette dimension de barrage contre le revanchisme néo-soviétique, contre la barbarie néo-soviétique. Comme un barrage peut empêcher la mer de détruire la vie humaine sur terre. Mais il y a aussi un autre sens au terme de barrage : pas le barrage qui bloque la mer, mais celui qui est installé sur une rivière. Je connais bien le barrage de Vychhorod, où nous avons construit notre maison, sur le Dniepr. C'est un barrage qui crée un nouvel espace aquatique. Et ce nouvel espace aquatique donne naissance à une nouvelle mer de sens. Le barrage permet donc l'apparition d'une nouvelle concentration, d'une redéfinition de la réalité de l'Europe. Si auparavant notre attention pouvait glisser et passer outre, sans se retourner, désormais, l'attention est arrêtée par le barrage, et nous nous retrouvons contraints de repenser certaines tendances de l'Europe, certains récits, qui étaient jusqu'ici tenus pour acquis et sur lesquels nous roulions comme des TGV sur des rails, sans regarder ni à gauche ni à droite. À présent, ce barrage nous invite à nous arrêter et à nous demander ce qui a été raté au cours des trente dernières années. Nous nous sommes enfin arrêtés pour voir et concevoir ce qui était resté invisible.

Nihilisme juridique postmoderniste et cynisme postsoviétique, un cocktail dangereux

Que faut-il revoir exactement, selon toi ? Quel est ton regard sur ce qui se passe en Europe ?

Je crois que la chose qui est restée un angle mort, qui n'a pas fait, à tort, l'objet de la moindre attention c'est l'inertie de la guerre froide. L'idée que là-bas, à l'Est, il y a une autre juridiction, une juridiction différente de la nôtre. Nous avons pensé que ce n'était pas à nous de porter un jugement sur cela. Alors qu'il n'y avait plus de rideau de fer, plus de Mur de Berlin, plus de coupure nette, nous avons décidé que nous ne porterions pas de jugement sur les crimes du communisme, sur les assassinats très réels qui se produisent, les violations de la loi…

Il y a une métaphore que tu connais peut-être, qui part d'une expérience souvent répétée avec des aquariums. Si l'on dispose au milieu de l'aquarium une vitre qui empêche les poissons se trouvant d'un côté de l'aquarium de passer de l'autre côté, alors les poissons s'y habituent… et quand on retire la vitre, ils continuent de rester de leur côté de l'aquarium, sans aller vers l'autre bout, alors qu'il n'y a plus d'obstacle qui les en empêche. Ils ont cette représentation mentale d'après laquelle l'autre moitié vit sa propre vie. Une vie que nous pouvons observer, comme nous pouvions l'observer auparavant à travers la vitre. Mais nous pensons que cette vie, ce n'est pas la nôtre. Ce n'est pas notre espace de responsabilité. Pourquoi Mitterrand ne voulait-il pas que l'Allemagne se réunifie ou que l'URSS se dissolve ? Parce qu'il ne voulait pas porter la responsabilité de ce qui se passait dans l'autre moitié de l'aquarium. Aujourd'hui, il est parfaitement clair que la vitre est retirée, et que nous sommes dans un seul et même aquarium. Nous ne pouvons donc plus refuser notre part de responsabilité. La responsabilité est commune. C'est celle de Kyiv, de Paris, de toutes les capitales européennes.

Deuxième chose : je me souviens bien de ce que dit Marcel Gauchet dans *Le Débat* : il écrit qu'en France, pays des droits de l'homme, beaucoup de gens se sont étonnés de voir que des dissidents étaient prêts à sacrifier leur vie pour les droits de l'homme. En réalité, le mouvement dissident antisoviétique (qui était aussi un mouvement dissident russe, ukrainien, balte…) rappelait à la partie occidentale de l'aquarium ce que signifient les droits de l'homme.

Autre constat : Paul Ricœur a publié deux tomes d'un livre intitulé *Le Juste* (29). Il y fait le constat que, aussi curieux que cela puisse paraître, depuis quarante ans, au pays de Montesquieu, auteur du fondamental *De l'Esprit des Lois*, aucune attention n'a été portée à la philosophie du droit. Ce domaine a été laissé aux Anglo-Saxons ou aux Allemands, mais les Français ne s'y sont pas intéressés. Ricœur a été le premier à s'en émouvoir, à considérer qu'il s'agissait d'une lacune et qu'il fallait faire quelque chose. Et il y a consacré deux tomes.

Prenons un autre exemple de la vie intellectuelle française, celui de Michel Foucault. C'est quelqu'un qui n'a jamais fait de philosophie du droit. Au contraire, il n'a cessé de dire très clairement que les normes et les règles sont quelque chose de très répressif, qui porte atteinte à la vie des gens, quelque chose de négatif. Malheureusement, c'est justement cette direction, que l'on pourrait qualifier de « foucaldienne », qui est devenue très à la mode dans l'espace postsoviétique. On s'est mis à dire que les normes et les règles étaient une violence que nous subissions. Alors que, disons-le clairement, dans les pays occidentaux, ces lois et normes fonctionnent et protègent le citoyen. Cette transposition dans l'espace postsoviétique de cette idéologie postmoderniste hostile au droit a des effets très négatifs. On peut dire que cette direction post-moderne s'est complètement imbriquée et superposée au cynisme postsoviétique. Le cynisme postsoviétique, le nihilisme juridique, le mépris à l'encontre de toutes les règles du droit, tous ces éléments se sont rencontrés et combinés pour provoquer un effet très fort, qui n'a pas été remarqué en France. La majorité des intellectuels français n'ont pas su percevoir la menace que représentait cette sorte de « cocktail Molotov anti-juridique ». Dans un certain sens, l'Occident a donné un accord tacite silencieux sur le fait que l'absence d'État de droit en Russie était acceptable. En Russie, il est autorisé de tirer au canon sur le Parlement, il est autorisé de faire la guerre en Tchétchénie (où près de 150 000 personnes ont été tuées). Mais l'idée reste que tout cela, c'est l'affaire des Russes et des autres habitants d'Europe orientale ! Oui, la guerre froide a pris fin, mais ces *Homo sovieticus* continuent, dans leur partie de l'aquarium, de se conduire à leur façon, d'une façon que nous ne comprenons pas vraiment – même si, pour des gens informés, il apparaissait clairement que c'étaient des crimes et que la tendance était très négative, que la Russie empruntait une voie de développement très dangereuse.

C'est là que je vois une certaine limite à ce qu'écrit Jonathan Littell dans le *Figaro* (30). Il dit : Je ne veux pas que la guerre actuelle dégénère en une Troisième Guerre mondiale. Quelle que soit la violence des conflits locaux que déclenche Poutine, ce dernier nous propose grosso modo une guerre lente plus large, une nouvelle forme de guerre froide, fondée sur la déstabilisation, la désinformation, l'économie. Je crois que Littell a tort d'employer ces concepts datant du XXe siècle, car ils nous empêchent de comprendre la nature du conflit actuel, celui du XXIe siècle. Récemment encore, tu t'en souviens, beaucoup de gens à Paris et en Europe protestaient contre le « déclenchement d'une nouvelle guerre froide ». Ils disaient : « Pourquoi vous nous poussez vers une nouvelle guerre froide ? » À la veille du 24 février, ils répétaient encore : « Attention, nous ne voulons pas d'une nouvelle guerre froide. » Aujourd'hui, il apparaît nettement que la guerre froide est pleinement en cours. Et, en vérité, elle dure déjà depuis longtemps. Une question simple s'impose : cette guerre froide, quelqu'un en Occident l'a déclarée, aussi clairement que l'avait fait en son temps Churchill quand il a dit qu'un rideau de fer était tombé sur l'Europe ? Non. Cette guerre demeure non déclarée. Mais alors pourquoi, aujourd'hui, personne ne dit honnêtement que l'Occident mène une guerre froide et que l'Ukraine mène une guerre chaude ? Question suivante : comment ces deux formes de guerres se combinent-elles ? Il y a là une forme étrange d'analogie avec les fondements de l'anthropologie exposés par Claude Lévi-Strauss : le cru et le cuit. Eh bien aujourd'hui, ces deux formes de guerres battent leur plein aujourd'hui en Europe. Il ne suffit pas de parler à cet égard de guerre hybride, car cela n'aide pas à comprendre le caractère sans précédent de cette guerre, qui n'a encore jamais été nommée par quiconque parmi les leaders politiques, et n'a pas été décrite de façon précise. Ce qui est sûr, c'est que cette nouvelle guerre froide ne ressemble pas du tout à celle qui a eu lieu au XXe siècle. Parce qu'il n'y avait pas, alors, de conflit semblable à celui en cours aujourd'hui.

Éviter les fausses analogies pour analyser la nouvelle guerre du XXIe siècle

Il n'y avait pas de guerre chaude pendant la guerre froide ; c'est pourquoi je ne suis pas sûre qu'on puisse qualifier ce qui se passe aujourd'hui de guerre froide…

Ce que je veux dire, c'est que l'Occident veut mettre en œuvre des sanctions, mais dit qu'il n'est pas en guerre. Là encore, la question est de savoir comment s'articulent le cru et le cuit, c'est-à-dire la forme chaude de la guerre et la forme froide, et s'il est possible de les dissocier très nettement : l'Ukraine fait la guerre, c'est une chose ; l'Occident livre des armes, c'est autre chose. Les Ukrainiens sont engagés dans une guerre chaude, et les Occidentaux dans une guerre froide. Je pense en conséquence que l'analogie que fait Littell avec la guerre froide n'est pas appropriée. Elle n'aide pas à comprendre ce qui se passe aujourd'hui dans les faits. La deuxième analogie qui, à mon sens, ne fonctionne pas, c'est celle qui compare cette première grande guerre du XXIe siècle en Europe qui est en cours actuellement à la Première ou à la Seconde Guerre mondiale. C'est pour cela que dire aujourd'hui qu'on ne veut pas de Troisième Guerre mondiale revient à prendre une position erronée. La question n'est pas de savoir si ce qui se passe aujourd'hui, c'est la Troisième Guerre mondiale, ou la Quatrième, ou la Deuxième et demi. Il faut bien comprendre que cette guerre est complètement différente. Au lieu de dire « je ne veux pas de Troisième Guerre mondiale », il vaut mieux dire « je ne veux pas de la première grande guerre du XXIe siècle en Europe ». Elle ne ressemble pas à la Grande Guerre de 1914-1918, mais c'est vraiment aussi une grande guerre. Une guerre comme il n'y en a pas eu en Europe au XXIe siècle.

Ce que je veux dire, c'est que si l'on n'utilise pas ces analogies erronées avec des conflits du XXe siècle, alors nous nous éloignerons au moins un peu des demi-vérités, et nous pourrons réellement décrire les choses qui se passent aujourd'hui sous nos yeux. Je crois que malheureusement, Littell n'a pas fait cela, et qu'il devrait faire ce pas supplémentaire – ce qui, d'ailleurs, irait dans le sens de sa logique puisqu'il dit que nous sommes déjà tous impliqués dans cette guerre. Certains fournissent plus d'armes à l'Ukraine que d'autres. Nous constatons que l'Allemagne a du mal à se montrer aussi courageuse que la Suède ou l'Estonie. Il est très intéressant d'observer le comportement de l'Estonie ou de la Lituanie. Elles ont été acceptées dans les structures euro-atlantiques, mais leur expérience était perçue avec une certaine condescendance. Aujourd'hui, la question se pose : comment les pays baltes ont-ils réussi à renoncer au gaz et au pétrole russes, alors qu'ils sont beaucoup plus proches de la Russie que les autres pays de l'Union et ont beaucoup moins de moyens de diversifier leur approvisionnement en énergie, tandis que la France, l'Allemagne et l'Italie sont en retard et ne peuvent pas encore adopter un embargo sur l'énergie russe aussi ferme que celui mis en œuvre par ces « petits » pays ? Cet exemple concret pose la question du nouveau rôle de ces pays, qui comprennent bien ce qui se passe, qui ont une vision plus proche de la réalité de ce qui se déroule aujourd'hui sur notre continent, qui disent les choses telles qu'elles sont.

Je crois que, effectivement, ces pays ont une conscience plus nette de ce qui se passe et des dangers qui guettent.

Parce qu'ils sont de vrais acteurs de cette histoire. J'ai l'impression que chez nous, on n'a pas entièrement pris la mesure du danger. Je crois que tu as raison de dire que subsiste encore en France, en Allemagne, en Italie, l'idée que la guerre touche un espace à part, où les choses peuvent être encore contenues. De ce point de vue, l'Europe de l'Est est en pointe, elle opère une montée en puissance stratégique qui aura un impact sur le futur de l'Europe. Mais il me semble que l'Europe de l'Est réalise aussi que l'Europe de l'Ouest traverse une gigantesque crise interne qui pèse sur les décisions. Le post-modernisme de la gauche qui veut tout déconstruire, la fascination pour la force qui fait son chemin sur le flanc droit du spectre politique, la volonté d'épargner Poutine pour des raisons économiques ou idéologiques, tous ces éléments créent à l'Ouest les contours d'une faiblesse politique qui paralyse partiellement la France et l'Allemagne. Cela signifie qu'il va falloir retrouver le courage de l'action pour opposer une réponse solide au post-totalitarisme soviétique, et reconstruire l'Europe.

Les erreurs de Merkel

Tu décris tout cela très précisément, et en t'écoutant, j'ai pensé à quelque chose. Pourquoi sommes-nous toi et moi davantage choqués, en tout cas c'est mon cas, par le comportement d'Angela Merkel que par celui de Schröder en Allemagne ou de Fillon en France ? Elle a été le leader, très saluée, d'un très grand pays européen, l'un des principaux leaders de l'UE. Elle n'a pas commis de crime, elle n'a pas été corrompue comme Schröder. Mais elle s'est trompée. Elle a commis l'erreur de donner le feu vert à la construction du gazoduc Nord Stream 2, donc à la dépendance énergétique de l'Allemagne vis-à-vis de la Russie. Quelle leçon peut-on en tirer aujourd'hui ? Je ne parle même pas des erreurs de Nicolas Sarkozy qui après la guerre en Géorgie a voulu vendre des navires de guerre à la Russie, puis de tous ces équipements militaires qui ont été vendus à la Russie comme si de rien n'était, et qui sont aujourd'hui utilisés par Moscou dans sa guerre en Ukraine. Non, je veux parler d'autre chose. Merkel connaissait la RDA. Elle savait ce que la Stasi y avait fait. Elle n'était pas corrompue : mais elle s'est trompée. Et avec elle, c'est toute l'Allemagne qui a commis une immense erreur, une erreur qu'elle est en train de payer aujourd'hui. D'où la fragilité des élites allemandes, et donc des autres pays qui s'orientent sur l'Allemagne. Aujourd'hui, il est urgent de chercher un antidote à cette politique erronée.

La position de Schröder est la plus scandaleuse car il s'est fait acheter et reste à son poste, à bord du navire poutinien ! Mais selon toi, qu'est-ce qui explique l'erreur

de Merkel ? Il y a sans doute une question économique derrière cela, du point de vue allemand…

Oui, bien sûr, il y a eu une très grosse pression exercée par les entreprises allemandes. Cette pression, qui d'ailleurs relève elle-même d'un grand aveuglement, s'est révélée plus forte que l'expérience historique des Est-Allemands, qui n'avaient pas pu oublier ce qu'était la RDA.

Il y a eu aussi chez les Allemands cette idée qu'ils étaient les porteurs d'une très grande culpabilité à l'égard de la Russie à cause de tout le sang versé pendant la Seconde Guerre mondiale, et qu'il fallait donc désormais en toutes circonstances garder une relation, une sorte de cordon ombilical avec la Russie pour l'amarrer à l'Europe et aussi pour racheter d'une certaine manière les fautes allemandes…

Dans ce que tu viens de dire, il y a, je pense, trois éléments. D'abord, il y a la certitude infondée selon laquelle l'économie peut régler tous les problèmes : si nous commerçons avec la Russie, nous l'attirerons vers la démocratie. La deuxième erreur, c'est l'idée que la culpabilité allemande pour la Seconde Guerre mondiale est une culpabilité uniquement vis-à-vis de la Russie. Ce qui nous amène à la troisième erreur, exprimée par Karl Schlögel, quand il a dit que l'Ukraine n'était pas présente sur notre carte mentale. Alors qu'en Ukraine, il y a eu la Wehrmacht et les SS. C'est là qu'a eu lieu la Shoah par balles de Babi Yar, là qu'une grande partie des massacres décrits par Timothy Snyder dans *Terres de Sang* se sont produits.

Et en Biélorussie.

Oui, mais pas en Sibérie, ni même à Moscou ou en Russie centrale. Pourtant, la culpabilité que ressentent les Allemands s'exprime seulement à l'égard de la Russie. Même si Moscou n'a jamais été occupée. Il y a donc trois erreurs. Aujourd'hui, pour ne pas poursuivre cette litanie d'erreurs, il est indispensable de comprendre qu'il faut agir autrement. Qu'est-ce que ça veut dire, agir autrement ? Avant tout, cela implique que les grands pays d'Europe comme la France et l'Allemagne soutiennent les initiatives des petits pays, tels que les pays baltes ou la République tchèque. La Tchéquie va succéder à la France à la présidence de l'UE, prenant la relève d'un grand pays qui possède l'arme nucléaire et dont le poids économique est nettement supérieur au sien. Mais la Tchéquie est forte de son expérience tragique : celle du partage de son territoire opéré par Hitler – Munich –, puis celle de l'invasion de la Tchécoslovaquie par les chars russes en 1968, quand le pays n'a pas réussi à opposer à Moscou la résistance que l'Ukraine lui oppose aujourd'hui. La République tchèque a l'occasion de faire preuve de courage parce que c'est son moment de vérité. De la même façon que le Royaume-Uni a résisté à Hitler en 1940, ce qui explique

que Johnson et les autres Britanniques soient aujourd'hui si actifs, et disent aux Ukrainiens qu'ils ont tout à fait le droit de frapper des bases militaires situées sur le territoire de la Russie – ils sont les seuls à parler ainsi, tandis que ni les Allemands ni les Français n'osent le dire – de même, les Tchèques ont leur propre expérience. Et cette expérience, c'est une ressource importante pour toute l'Europe. Après ce qui s'est passé en 1968 à Prague, les Tchèques ont complètement le droit de dire que notre devoir est de ne pas laisser les chars russes détruire des vies en Ukraine. Il faut mettre fin à cette pratique violente. Mettre fin à ce dernier empire, qui est à certains égards le pire de tous, parce qu'il ne reconnaît ni le droit français ni le droit britannique : c'est l'empire du non-droit, l'empire de l'arbitraire.

L'impasse de la dépendance énergétique

Concrètement, qu'attends-tu de la part de la présidence tchèque de l'UE ?

Un embargo plus déterminé, permettant une indépendance énergétique totale de l'Europe. Quel que soit le prix à payer pour cela. Lors des réunions régulières des pays du groupe de Rammstein sur l'Ukraine, on peut constater un décalage entre les sommes consacrées aux besoins militaires et les sommes payées pour le gaz et le pétrole russe. Aujourd'hui, l'Europe est prête à consacrer moins de 10 %

de cette somme à la défense de l'Ukraine. Je reviens aux erreurs commises jadis par l'Allemagne. Ces erreurs ont été commises en partie sur la base de raisonnements économiques. Si ces erreurs n'avaient pas été commises, l'UE n'aurait pas été forcée de dépenser son argent en hydrocarbures et en armes. On aurait pu le consacrer à l'énergie verte, à l'environnement, à l'énergie solaire et éolienne, aux centrales nucléaires.

Il en ressort que si on prend aujourd'hui les bonnes décisions, alors elles auront au final un effet positif pour l'économie aussi. Nous mettrons fin à la série d'erreurs dont Nord Stream 2 est la continuation. Il faut dire clairement aux gens ce que personne n'a encore dit avec honnêteté : la hausse des prix de l'énergie que l'on observe aujourd'hui est liée à l'erreur qu'a été Nord Stream 2. On a longtemps investi dans ce qui s'est révélé être une impasse, l'impasse de la dépendance énergétique. C'est pour cette raison que, aujourd'hui, l'Allemagne va devoir soutenir la Tchéquie, et avec détermination. Il faudra faire en sorte que la Russie soit contrainte de vendre son pétrole à bas prix à la Chine, ce qui asséchera ses caisses. Aujourd'hui, la Russie dépense chaque jour plus de 100 millions de dollars en avions, en chars, etc. Chaque jour. Pour nous tuer. Il faut que cela devienne très clair. Que la vérité soit dite pour que cela cesse.

Pour cela, il faut remettre au goût du jour des personnalités comme Václav Havel, par exemple. C'est ce dont nous avons discuté, toi et moi : le rétablissement d'un éthos européen a des visages, des noms, des mots. Tu as parlé de séisme. Effectivement, c'est cela, la solidarité des ébranlés dont parlait l'écrivain Jan Patočka (31). C'était d'ailleurs aussi une notion clé chez André Glucksmann. Nous sommes tous ébranlés : à Paris, à Kyiv, à Prague, partout. Est-ce que cela peut conduire à une nouvelle solidarité, à une nouvelle prise de conscience du fait que nous avons tous une responsabilité commune sur ces questions, et que nous devons décider conjointement ?

Moi, par exemple, je suis prêt à sacrifier mon bien-être matériel, comme beaucoup d'autres Ukrainiens aussi. Notre position pourra à son tour démultiplier le courage des autres, petits et grands. Ou alors, nous pouvons choisir de dire que la guerre est locale et qu'il ne faut pas s'en mêler. Cette option serait une stupidité totale. Car c'est une grande guerre européenne, et personne ne peut rester sur le côté. Ce mea culpa dont nous avons parlé, de la part des politiques, des spécialistes, des experts, etc., est indispensable pour que nous gagnions. Tous ensemble. Pour que ce soit un *win win* pour l'Europe. Ce serait un changement radical, qui permettrait même de priver la Russie de la tentation d'utiliser l'arme nucléaire.

Je vais donner un exemple. Je suis en train de relire un journal que Churchill a tenu pendant la guerre (32). Il rappelle que l'Italie avait déclenché une guerre en Afrique avant même 1939. En Éthiopie et ailleurs. La Ligue des Nations avait alors adopté des sanctions. Churchill dit que ces sanctions étaient tout à fait insuffisantes. Tout le monde a pu s'en rendre compte. Les sanctions portaient sur les métaux, sur l'énergie, etc. Pour appeler les choses par leur nom, l'Europe a laissé le fasciste Mussolini faire ce qu'il voulait en Afrique. Et qui a suivi tout cela de très près ? Hitler. Hitler a regardé attentivement la réaction de l'Europe. Et constatant que celle-ci laissait Mussolini agir à sa guise, il a décidé qu'il pourrait lui-même pousser ses pions. Je pense qu'aujourd'hui, la Chine suit la situation européenne de très près. Si la Chine voit que le Mussolini de Moscou n'est pas empêché de faire ce qu'il souhaite faire, alors elle se dira : très bien, je vais passer à l'action moi aussi.

Je suis d'accord. L'Occident n'en livre pas moins quantité d'armes clés à l'Ukraine, dont des systèmes d'artillerie à longue portée, et cela, alors que Poutine menace de cibler « d'autres cibles » pour tenter de l'en dissuader. Penses-tu que cela finira par une victoire de l'Ukraine ?

Je pense que, en un certain sens, on ne nous a pas laissé le choix. Après tout ce qui s'est passé, Poutine comprend qu'il est aujourd'hui considéré par les Occidentaux comme un criminel. Qu'il ne sera plus jamais accueilli à Versailles et ailleurs, que cette page est définitivement tournée. Il comprend aussi que plus personne ne se fait d'illusions sur lui, que chacun a compris qu'il vouait à l'Occident une haine viscérale. Il comprend également, je pense, que désormais les Occidentaux portent un regard très différent sur la menace que représente son régime. Et que même s'il y a des cessez-le-feu, ce ne seront que des étapes dans la lutte qui s'est engagée, et qu'il devra y avoir un vainqueur et un vaincu. Après les bombardements qui ont eu lieu à Marioupol ou tout récemment à Odessa, plus personne n'a d'illusions. On ne peut plus retourner au *statu quo ante* et faire comme si rien ne s'était passé. Il y a donc deux options. La première, c'est que Poutine, face à la force des sanctions et à la puissance militaire qui s'oppose à son armée, soit contraint à accepter les conditions qu'imposeront ensemble les pays démocratiques, et rentre chez lui pour s'y enfermer à double tour, pour parler de façon imagée.

Dans ce scénario, la Russie quitterait aussi la DNR et la LNR ?

Oui. Au vu de ce qui se passe là-bas, mais aussi à Kherson et ailleurs, il est clair qu'on ne doit plus se poser la question de savoir comment faire pour permettre à Poutine de sauver la face. Cette option n'existe pas. C'est une fausse question qui nous a freinés et qui nous a donné l'illusion d'une voie possible vers la paix. C'était une erreur. Nous avons parlé tout à l'heure de l'Allemagne. Pourquoi en 1991 l'Allemagne et les autres pays occidentaux n'ont-ils pas insisté pour qu'il y ait un nouveau procès de Nuremberg ? Parce que le premier Nuremberg n'avait pas été mené à son terme, et que le deuxième Nuremberg aurait nécessairement rappelé le premier. Cela aurait été une très forte réactualisation du procès du totalitarisme, dont personne ne voulait, comme nous l'avons déjà mentionné dans nos conversations.

Ne pas répéter les erreurs de 1991

Mais aujourd'hui, nous ne pouvons pas répéter cette erreur commise en 1991. Si dans les années 1990, nous avons essayé de faire comme si l'amnésie pouvait être une thérapie, un moyen d'éviter l'escalade, aujourd'hui, cette illusion a disparu. Désormais, tout le monde comprend une chose simple : nous n'allons pas humilier l'adversaire vaincu, nous n'allons pas répéter l'erreur de 1918. Mais nous pouvons nous appuyer sur l'expérience de 1945. Nous n'avons pas oublié comment en 1945 la France et l'Allemagne ont rapidement établi une relation tout à fait nouvelle. Mais cela a été possible précisément parce que l'Allemagne avait été vaincue. Et si nous ne voulons pas répéter les pires erreurs du XXe siècle, alors nous devons nous assurer qu'au niveau politique, au niveau économique, et même au niveau du discours, au niveau de la façon dont nous présentons tout cela ; nous serons au clair.

C'est d'ailleurs ce que nous sommes en train de faire dans notre conversation : nous recherchons un nouveau narratif pour dire ce qu'est l'Europe, ce qu'est la Russie, ce qu'est l'Europe centrale au XXIe siècle, et cela implique une nouvelle identité narrative. C'est un concept qui me semble très constructif, que l'on trouve chez Paul Ricœur : il dit que chacun d'entre nous, quand on lui demande de dire qui il est, livre un narratif, qui est à la fois individuel et collectif, en répondant « je suis un homme (ou une femme), je suis né à tel endroit, j'ai fait mes études ici », etc. Ce narratif peut évoquer la nation, la communauté, un ensemble de communautés comme la grande Europe… Or, ce nouveau narratif européen n'existe pas encore. Il commence à peine à se former. Pour qu'il ouvre des possibilités concrètes, des ouvertures, la possibilité d'un futur à des citoyens russes comme cette descendante de Boris Pasternak que tu as récemment interviewée, le narratif doit être différent. Il ne doit pas partir du fait qu'il faut qu'il y ait une place pour le Kremlin, pour Poutine ou pour ses entreprises. Ce doit être un narratif tout à fait nouveau.

Ce narratif sera lié à des dates clés. Il est clair que le 24 février 2022 restera comme une date essentielle pour le XXIe siècle. Cette date annonce une triple catastrophe : pour l'Ukraine, pour l'Europe et pour la Russie. Mais elle indique aussi que nous devons désormais porter un regard différent sur d'autres dates clés, comme le 9 mai, qui est à la fois la journée de l'Europe pour les Européens et celle de la grande parade de la place Rouge pour les Russes. Nous osons aujourd'hui, à partir de ces dates clés, créer un nouveau narratif. Pourquoi est-ce si important ? Parce que soit ce narratif sera exclusif, c'est-à-dire qu'il exclura les autres – c'est le cas du narratif du Kremlin, qui fait mine de ne pas remarquer l'existence des Ukrainiens, des Européens… On le voit bien dans le document tout à fait parlant et extraordinaire qui a été publié par l'un des idéologues du Kremlin, et dit clairement qu'il faut « dé-européaniser » l'Ukraine. C'est écrit noir sur blanc.

Tu parles du texte de *Novosti* qui a été publié en avance et qui tablait sur une victoire de l'armée rouge en trois jours ?

Oui, ce texte de *RIA Novosti* (33). Dé-européaniser l'Ukraine, ça veut dire aussi dé-européaniser la Russie. Et la Biélorussie, et tous les autres. Soit nous faisons mine de ne pas comprendre qu'il y a là une vraie intention génocidaire, une intention criminelle, un crime d'agression comme le disent aujourd'hui les juristes ; soit, nous décidons de comprendre vraiment de quoi il retourne et nous comprenons aussi toute l'importance des autres narratifs. En Europe, il y a beaucoup de langues. C'est pourquoi pour l'Europe, l'échange des mémoires est très important. L'échange des mémoires des petites nations et des grandes, et des moyennes et des autres. La nouvelle forme de cette identité narrative signifie que nous sommes ouverts à cet échange des mémoires. Revenons par exemple à l'Ukraine. Il existe à l'extérieur comme à l'intérieur de l'Ukraine, des visions diverses du pays, des mémoires diverses. Il y a une mémoire de l'Ukraine occidentale, une mémoire d'Odessa, une mémoire de Kyiv... Nous disons, nous, que nous donnons la préférence à un modèle, qui favorise l'échange des mémoires, et prend au sérieux, par exemple, la pluralité des manières de décrire la guerre, de décrire les dates clés, les dates historiques, les personnages historiques (nous avons parlé d'un certain nombre de personnages controversés). La pluralité et l'inclusivité de ce modèle disent que c'est de cette façon que nous voulons voir l'avenir de notre pays, et l'avenir de l'Europe. C'est ce que j'appelle « apprendre de ses erreurs » : cela vaut pour des pays qui ont été des empires, comme la France, ou l'Allemagne, ou le Royaume-Uni, et aussi pour les pays qui n'ont pas été des empires, comme l'Ukraine, la Pologne ou la Tchéquie. Aujourd'hui déjà, cette recomposition narrative de notre communauté est en cours. Et il s'avère que nous avons tous besoin les uns des autres, d'une façon nouvelle. Avec tous nos traumatismes : le traumatisme de la collaboration, le traumatisme d'une plus ou moins grande résistance aux régimes totalitaires du XXᵉ siècle. Tout doit être mis sur la table. Car si on ne le fait pas, on aura le risque réel de nouvelles opérations de déstabilisation, d'une instrumentalisation du passé. Ce risque existe aujourd'hui en Allemagne. Un personnage qui a financé le parti social-démocrate et qui se trouve actuellement en Russie, pourrait diffamer lourdement les élites allemandes et les mettre en difficulté.

Une diffamation fondée sur des faits prouvés ?

Une enquête est en cours. Mais le plus important, c'est que cette crise nous montre à quel point les logiques économiques de rapprochement avec l'État autoritaire poutinien ont échoué. Vouloir séparer les opérations économiques des relations politiques et de sécurité s'est révélé désastreux. La question est de savoir ce que sera la suite : est-ce qu'on va essayer de mettre tout ça sous le tapis pour tenter honteusement et lâchement de conserver le statu quo, ou bien y aura-t-il une vraie admission du fait que des erreurs ont été commises, un mea culpa, et le courage d'endosser une nouvelle responsabilité qui permettra d'aller de l'avant, c'est-à-dire d'obtenir un nouveau crédit de confiance pour agir à l'avenir pour le bien commun ? C'est un choix essentiel. Soit la stratégie de la peur et la tentative de se protéger à toute force, soit la stratégie du courage qui invite à dire la vérité, à reconnaître ses erreurs. Je vais te donner un exemple concret, celui d'un de mes amis qui vit en Russie. Tu connais Alexandre Arkhanguelski (34) ? C'est un intellectuel russe qui vit à Moscou. Il a soixante ans. C'est Georges Nivat qui nous a présentés, à Genève, il y a trente ans, à l'occasion d'une conférence qu'il organisait à l'université de Genève, intitulée « Kyiv et Moscou face à l'Europe ». Après le début de la guerre, il a été l'un des très rares intellectuels russes à admettre, dans une lettre qu'il m'a écrite, que même s'il avait toujours été quelqu'un de tolérant, il avait tout de même été « un impérialiste ». À la veille de son anniversaire, nous avons eu un long échange écrit par chat. Il y a longuement fait son mea culpa. Il a reconnu que, à cette conférence à Genève, il avait écouté avec ironie le professeur Roman Szporliuk que tu connais, présenter sa vision de l'histoire ukrainienne. De même, quand Arkhanguelski avait été mon invité à Kyiv, il m'avait fait comprendre qu'il ne me croyait qu'à moitié quand je parlais des réalités culturelles de l'Ukraine et de la Russie. Et aujourd'hui, il reconnaît son erreur. Il dit : j'étais un impérialiste, un type condescendant qui portait un regard erroné sur toutes ces réalités.

Je dois dire que c'est rare d'admettre de telles choses, et c'est sans doute parce que nous sommes amis qu'il a su reconnaître sincèrement son optique erronée. Mais ce qui est important, c'est qu'il ne m'a pas seulement dit ça dans une lettre privée : il a aussi publié cette lettre. Je pense que si des gens arrivent à faire cette même démarche de « mea culpa » à Moscou, les gens devront aussi *a fortiori* en faire de même à Berlin, à Paris et ailleurs. Dès lors, ils obtiendront un crédit de confiance : cela signifiera qu'à l'avenir, on pourra traiter avec eux. Si tu reconnais tes torts passés, cela te confère une sorte de mandat pour faire le bien à l'avenir, cela t'autorise à participer à la création du nouveau narratif. Je pense qu'il est indispensable que cela soit bien compris par des gens, en Allemagne et en France dont la responsabilité politique, militaire et économique est bien plus grande que celle d'Alexandre Arkhanguelski. Ils doivent comprendre qu'ils ont aujourd'hui une chance historique : celle de dire la vérité puis de participer à la cause commune, au lieu de faire semblant de penser qu'ils n'ont rien à se reprocher. Sauf erreur, je n'ai entendu personne en France dire : nous avions tort de dire qu'il n'y avait pas de guerre froide ; nous avions tort de dire qu'il fallait entretenir des relations normales avec le régime de Poutine…

La troisième Europe va-t-elle pouvoir naître ?

Georges Nivat l'a fait.

C'est justement avec lui que j'ai eu une discussion sur la troisième Europe, en 2014, après le Maïdan. Cette troisième Europe va-t-elle maintenant pouvoir naître, tel un enfant qui échappe à l'avortement ? Cela se décide en ce moment. Sera-t-elle assez forte pour s'imposer dans le monde nouveau face aux Chinois, aux Américains et aux autres, être ce qu'elle souhaite être, cette société où le droit est respecté et qui propose au monde la Déclaration universelle des droits de l'homme, avec une prétention à l'universalisme qui dure en France depuis deux siècles ? Cet universalisme s'appuiera-t-il sur des actions historiques concrètes ou bien deviendra-t-il un simple souvenir nostalgique comme celui d'une vieille dame qui raconte qu'elle était belle dans sa jeunesse ?

Tu connais bien la France. Est-ce que le recul de l'universalisme en France, et spécialement au sein de l'intelligentsia, t'inquiète ? Il y a aujourd'hui chez nous une revendication très forte pour que la politique repose non plus sur le droit mais sur une justice « sociale » très théorique que personne ne peut définir précisément, et qui vise à détruire les fondements universalistes sur lesquels ont été fondées les sociétés occidentales. Cela ressemble à une répétition du marxisme, mais au nom de la justice sociale et de la diversité. Du coup, j'ai, en t'écoutant, une impression double : celle que la chance dont tu parles puisse vraiment se produire. Mais dans le même temps, je sais qu'il y a une crise qui existe de façon complètement distincte de la grande question dont nous

discutons en ce moment. Et j'ai peur que, du fait des problèmes auxquels la France est confrontée actuellement, et de la grande défiance qui existe à l'égard de Macron et de l'élite en général de la part d'une grande partie de la population, le Président ne dispose pas de la force et du mandat nécessaires pour avancer dans la direction que tu souhaites. C'est-à-dire, par exemple, se montrer extrêmement ferme sur le dossier énergétique, en assumant qu'à court terme des difficultés économiques émergent. Car qui le soutiendra s'il adopte une telle position ? On a le sentiment que les politiques sont dans un état de faiblesse énorme, même si Macron a obtenu 58 % des voix. Le volcan social qui couve à travers la France pourrait empêcher le pouvoir français de suivre la ligne que tu préconises.

Tu as tout à fait raison. Il ne me semble pas impossible que se produise un de ces jours, sur le Champ-de-Mars ou sur quelque autre grande place emblématique de Paris, ce qui s'est déroulé en 2014 chez nous sur le Maïdan. Nous en avons parlé. Que s'est-il passé en 2014 ? Pour moi, c'était la fusion de deux phénomènes. D'une part, la société a senti qu'elle était à la limite de la rupture, qu'il y avait un risque de mort de la société civile, un risque d'ailleurs illustré par la violence qui s'est abattue sur la jeunesse, et qui pouvait s'abattre sur l'ensemble de la société. Et d'autre part, cette même société a senti la nécessité du sacrifice, pour garder la possibilité de dire la vérité. Et cette combinaison du sentiment qu'une limite a été atteinte, et de la capacité à dire la vérité et la défendre, a abouti à une transformation profonde. En 2013, il y avait une impression d'apathie, d'atomisation et de dépression de la société. Un peu similaire à ce que tu décris concernant la France d'aujourd'hui.

France-Ukraine, l'échange des mémoires

Le mot « atomisation » est particulièrement important. Et la tension entre groupes.

Absolument. Et cette tension, cette hostilité, cette surdité des groupes les uns envers les autres, c'est souvent lié au fait qu'on considère comme des réalités intangibles les détails ou les faits qui divisent ces groupes entre eux, et qu'on passe par pertes et profits tout ce qui pourrait les rassembler. Par exemple, si on laisse un instant de côté les tensions internationales, et on se concentre uniquement sur les tensions qui ont cours dans notre immeuble, ou dans notre collectif – si on ignore les séismes mondiaux, et refusons de faire comme sur le *Titanic*, où les gens continuaient de se disputer sur des sujets futiles sans se rendre compte que le navire était sur le point de couler, si on détourne le regard des choses secondaires qui nous divisent, alors on peut se mettre à regarder les choses beaucoup plus importantes qui peuvent nous rassembler. Notre langue commune, notre histoire, notre civilisation, où l'humanité doit l'emporter sur l'arbitraire et la terreur. Par exemple, quelqu'un peut ne pas apprécier la façon dont parle, disons, Emmanuel Macron, ou Éric Zemmour, ou ne pas aimer tel ou tel aspect de leur comportement. Mais la question n'est pas là. Il est possible de déporter le regard, de ne plus se concentrer sur telle ou telle idiosyncrasie concrète, sur des traits de caractère, et de comprendre que ce qui se joue, c'est la vie de la République. Quand l'hymne français parle des « enfants de la patrie », ce ne sont pas juste des mots, c'est vraiment une question de vie ou de mort, de liberté ou d'asservissement.

Je reviens à cette idée de synthèse, de fusion même. Pourquoi le titane est-il si solide ? Parce qu'il est issu d'une fusion. De même pour l'or. Eh bien, dans la société, c'est similaire. Soit nous nous battons pour qu'il y ait fusion, synthèse ; soit nous laissons la société se faire ronger par deux types d'acide : l'acide du cynisme occidental et l'acide du cynisme poutinien. Ces deux formes de cynismes sont capables de détruire des éléments très résistants. C'est comme la rouille d'une maison. Un élément avait l'air en bon état, puis il se met à rouiller, à se détériorer sous l'effet de telle ou telle force.

Je crois qu'il ne faut pas laisser travailler ces deux formes de cynismes : le rejet de toute norme de droit propre au poutinisme, et l'autre forme de cynisme qui affirme que l'économie est plus importante que tout, y compris que le droit. Cette forme de cynisme affirme que les droits de l'homme ne sont pas si importants en comparaison avec les affaires que nous réalisons avec la Chine et le Kremlin. Elle permet peut-être d'engranger des bénéfices à court terme, mais à long terme elle détruira l'économie car au final, une fois attaqué, le pays sera contraint de dépenser des milliards pour des chars, des avions et autres armes, au lieu de consacrer ces sommes aux retraites, à la santé, l'éducation… Cette vision exclusivement économique ne prend pas en compte l'humain, elle considère l'homme d'une façon très méprisante. Car on sait bien qu'il y a des choses comme l'éducation ou la santé qu'on ne peut pas évaluer avec les mêmes méthodes arithmétiques que certains indicateurs purement économiques. Comme je l'ai déjà dit, il y a aujourd'hui une concurrence entre des modèles anthropologiques différents, des visions différentes de l'humain.

Déminer l'histoire

La guerre change les gens, y compris les leaders. Poutine a changé depuis le début de la guerre, Zelensky aussi. Et les simples citoyens changent. Ce n'est pas tant une question de courage, de lâcheté ou de solidarité, qu'une acuité nouvelle de la perception qu'ont les gens de la réalité : ils se mettent à mieux voir les choses qui étaient dans l'ombre, dans les zones grises.

On a souvent dit que la Russie était l'inconscient de la culture occidentale. Cela a changé : aujourd'hui, l'inconscient attaque le côté rationnel, met en avant des exigences, pose des questions auxquelles il n'est plus possible de ne pas répondre. La crise, au sens grec de ce terme, c'est le moment où la nouvelle relation entre la raison et l'inconscient est susceptible de changer le regard porté sur l'humain. Des gens qui pouvaient se disputer pour des futilités ont maintenant la possibilité de décider de ce qui est réellement important et de se rassembler pour décider si on va défendre ou non notre culture et tout ce qui nous réunit. Les gens peuvent changer de regard les uns sur les autres. Une nouvelle France peut en sortir. Et notamment un nouveau regard sur la place de la France en Europe et sur son rôle dans l'est de l'Europe. La guerre en Ukraine dure déjà depuis plusieurs mois et joue un rôle non négligeable dans la vie publique française. Mais elle pourrait jouer un autre rôle, bien plus important et, aussi étrange que cela paraisse, plus positif. Des millions de personnes ont déjà quitté l'Ukraine. Ce nombre pourrait encore s'accroître significativement. Ces millions de personnes vivent déjà dans la maison européenne, et notamment en France. Cette hospitalité aura sans doute un impact sur les pays d'accueil. Des centaines de milliers d'Ukrainiens jeunes et talentueux vivent désormais en Occident. Ils sont nombreux à avoir obtenu des bourses pour poursuivre leurs études dans les universités occidentales. Ils s'insèrent dans la vie culturelle, scientifique, intellectuelle de l'Europe. Leur présence va-t-elle permettre une nouvelle articulation des relations entre leurs pays d'accueil et l'Ukraine ? Vont-ils devoir, pour mieux s'intégrer, à cause de cette guerre, changer d'identité et se focaliser sur les pays où ils vivent désormais ? Ou bien plutôt vont-ils incarner la solidarité entre l'Ouest et l'Est de l'Europe ? Quels seront les modèles que suivront ces gens dans leur chemin de vie ? Et pourront-ils aider les institutions qui les accueillent à mieux comprendre et à mieux communiquer ? Beaucoup de ceux qui aujourd'hui hébergent des réfugiés en provenance d'Ukraine ne savent pas grand-chose de ce pays (c'est ce que nous avons appelé l'Ukraine incognita) et souvent ils n'ont pas de langue commune avec eux. D'ailleurs, je pense que le fait que ceux qui viennent d'arriver en France se mettent à apprendre le français et la culture française, tandis que ceux qui les accueillent découvrent la culture, le monde, le drame, d'où viennent les réfugiés… est loin d'être un évènement sans signification et sans lendemain. C'est en réalité l'ébauche de la base de cette nouvelle synthèse que j'ai évoquée, cet échange de mémoires. Les Français continueront de discuter de leurs propres problèmes, mais en échangeant avec des Ukrainiens, ils prendront peut-être la mesure des problèmes que ceux-ci ont rencontrés et rencontrent toujours, comme les bombardements de Marioupol. Il y a donc deux modèles : le modèle de la traduction et le modèle de l'échange des mémoires. Si ces deux modèles fonctionnent, alors ces millions de rencontres entre des millions de personnes seront constructives et positives. Ceux qui essaieront de semer de nouvelles formes de xénophobie, d'irritation, ou de lassitude, échoueront. C'est le grand défi. Et je crois que notre livre, à son modeste niveau, peut contribuer à faire en sorte que beaucoup de gens qui accueillent des réfugiés, qui se sont retrouvés dans ces situations de rencontre inattendue, comprennent qu'ils participent « au laboratoire » dont sortira le futur de leur pays, leur continent, et dans une certaine mesure cela représente une chance de reconsidérer ce qui n'a pas été reconsidéré jusqu'ici, depuis la période de Vichy. Même maintenant, il y a des journalistes français qui me disent, après avoir été par exemple à Zaporijjia, « Nous disons zone libre et zone occupée », et tout cela, cela provient du vocabulaire de la Seconde Guerre mondiale. Je pense qu'il est peut-être possible pour les Français, de façon décomplexée, de regarder autrement l'expérience qu'ont vécue leurs parents ou leurs grands-parents, et comprendre que ce qui se passe en Ukraine aujourd'hui se passe sur le même continent et s'inscrit dans la même histoire européenne. Et cette histoire européenne a besoin d'un nouveau regard. Il faut la contempler sans crainte et dire la vérité aussi bien sur ceux qui ont fait des choses respectables que sur ceux qui ont fait des choses indignes.

Je vais donner un dernier exemple. J'ai entendu hier – je peux t'envoyer la vidéo, mais c'est en ukrainien, le témoignage d'un prêtre à Kherson... Kherson est sous occupation et des choses terribles s'y passent. Ce prêtre, donc, dit, face à la caméra, qu'il a passé 24 heures aux mains des occupants, et que la condition pour qu'il soit libéré, a été qu'il dise qu'il n'avait pas été torturé et qu'il n'avait rien à reprocher aux occupants. Et il ajoute : ça, c'est ce que disent les gens qui ont été contraints de le dire ; alors qu'ils ont été torturés. Et il raconte comment il a été torturé. Comment ça s'est déroulé concrètement. Qui a dit quoi et comment il a été menacé de viol. Vladimir Boukovski, Léonid Pliouchtch et bien d'autres avaient déjà témoigné de cela en leur temps. Et donc hier, ce prêtre a enregistré une vidéo où il raconte ses épreuves. Ce qui lui est arrivé peut arriver à n'importe qui parmi les centaines de milliers de personnes qui vivent dans les territoires actuellement occupés par la Russie. Je pense que si les Français voient ce témoignage, ils comprendront que ce que leurs ancêtres ont vécu pendant l'Occupation, et qui a été par exemple décrit dans *Le Silence de la mer*, n'est pas une expérience appartenant à un passé définitivement révolu ; c'est en réalité une vraie expérience existentielle, et la question est de savoir quand et comment nous pardonnons à l'autre ses faiblesses. Le prêtre de la vidéo dit : j'ai été faible. J'ai dit aux occupants ce qu'ils exigeaient que je dise pour qu'ils me libèrent. Pour qu'ils arrêtent de me torturer, j'ai signé un papier par lequel je m'engageais à collaborer avec eux. Cela se passe en Europe aujourd'hui. La vie de cet homme est une tragédie dans le monde réel, ce n'est pas Macbeth, ce n'est pas du Shakespeare, c'est Kherson, aujourd'hui. Beaucoup, dans le futur, dépendra de la façon dont nous organiserons cette prise de conscience, et cette solidarité. Soit nous décidons que l'humanité doit avoir le dernier mot, soit nous sommes complices. Et je crois que porter la discussion à ce niveau-là, cela peut réellement contribuer à régler d'autres soucis et des problèmes plus privés des gens. Si cet horizon est clair et net, si notre grille de lecture est plus large, alors les notions comme l'État de droit et la Déclaration universelle des droits de l'homme, deviennent d'une importance vitale.

Les gens qui sont chez moi en ce moment, qui viennent de Kherson, m'aident à comprendre pourquoi la Déclaration universelle adoptée en 1948 à Paris a eu une signification mondiale et pourquoi ce document est appelé à jouer un rôle majeur tout au long du XXIe siècle. Est-ce que ce sera un leitmotiv omniprésent, ou une couleur locale parmi d'autres ?

Ce que tu racontes décrit une horreur si effroyable qu'il est impossible qu'elle ne mobilise pas contre elle une coalition des gens de bonne volonté pour l'arrêter. Mais ensuite ? Peut-être que comme tu le dis, tous les problèmes seront balayés, mais je n'en suis pas certaine. C'est peut-être l'objet d'une autre discussion…

Les problèmes ne seront pas balayés, mais ils seront perçus différemment. Quand on voit les choses sous un autre angle, quand elles sont illuminées autrement, « chacun trouve sa place ». Si les choses prennent une nouvelle place, alors notre perception de l'ensemble devient complètement différente. Alexandre Arkhanguelski dit : « J'ai honte. Et pour commencer, il faut que moi et mes concitoyens, nous disions pourquoi nous avons honte. » Je lui réponds : « Sacha, tu es la première personne de l'autre bord qui parle de la honte qu'elle ressent à cause de ses sentiments impérialistes. Et je suis le dernier qui va te reprocher ces sentiments. C'est un travail qu'il vous appartient de faire. Ce n'est pas à moi de faire ce travail à votre place et de dire aux Russes qu'ils doivent avoir honte d'avoir fait ou pensé ceci ou cela. » Ce serait contre-productif. Mais alors, qu'est-ce que moi, depuis Kyiv, je peux dire de constructif ? Est-ce que je dois garder le silence ? Garder le silence et être prêt à poursuivre le dialogue, si l'autre partie le souhaite ? Je me suis dit que c'est aussi un aspect intéressant de notre dialogue avec toi :

nous ne nous focalisons pas sur la façon dont nous allons construire les relations futures de la Russie avec Paris, avec Kyiv, etc., nous nous contentons de notre discussion entre Kyiv et Paris, un dialogue ouvert, qui n'émet pas de condamnation directe, qui ne cherche pas à faire honte à telle ou telle personnalité du monde de la culture. Le seul fait que nous menions ce dialogue ouvert et inclusif rend possible l'échange de mémoires dont j'ai parlé : c'est un travail d'hospitalité – une hospitalité qui, sans tout confondre, est offerte aussi bien aux Ukrainiens qu'aux Biélorusses et aux Russes… Mais attention, tous ont des mémoires différentes. On ne peut pas faire comme le pape, qui a proposé lors du Vendredi saint, en pleine invasion, qu'une Russe et une Ukrainienne portent la croix ensemble ! Ce fut une terrible erreur, qui a heurté des millions de personnes car elle semblait mettre sur le même plan le pays agresseur et le pays agressé. C'est un exemple du sujet dont nous parlons toi et moi. Soit nous déminons notre mémoire, notre conscience, notre culture. Soit nous laissons les gens marcher sur ces mines et exploser. Cette affaire, c'est une mine, un exemple concret de stupidité. En revanche, ce que nous sommes en train de faire, toi et moi, c'est de jouer les démineurs. Il faut que le chemin ne soit plus miné, de sorte que les gens puissent se dire : ici, on peut marcher sans crainte. Ici, il n'y aura pas de fausse symbolique qui blessera des millions de personnes.

Tous les catholiques de rite grec ont été horrifiés par la proposition du pape. Et pas seulement eux. Ils ont essayé de se faire entendre, mais ils n'ont pas été entendus. Pourquoi ? Parce que le travail dont nous sommes en train de parler toi et moi, n'a pas été accompli. Pas seulement au Quai d'Orsay, ou dans des organisations militaires. Il n'a pas été accompli là où les gens s'occupent de culture, d'éthique, de spiritualité, et ne comprennent pas la portée centrale des symboles qui mobilisent les passions de millions de personnes. C'est pour cela que ce travail de la raison permet d'articuler, d'exprimer en mots la signification de la résistance ukrainienne. Ce que nous essayons de faire toi et moi, c'est de tenter de trouver un récit, un langage, qui permettra aux gens de se retrouver. De sorte qu'il y ait un espace où ils s'entendront les uns les autres et comprendront en quoi ils peuvent avoir un effet positif les uns sur les autres. Ceux qui offrent l'hospitalité comprendront pourquoi c'est si bien, si important, et ceux qui la reçoivent comprendront qu'ils peuvent continuer à construire quelque chose avec leurs hôtes à l'avenir. Ce peut être une nouvelle amitié, de nouvelles relations, une nouvelle compréhension réciproque, un nouveau regard porté sur l'histoire de ces pays. De tout cela, il n'est jamais question dans les multiples émissions qui se concentrent l'horreur de la guerre et les destructions en cours.

Face au modèle isolationniste, le modèle du nouvel archipel

J'aime ton idée du déminage. Comment déminer cette mine énorme qu'est la Russie d'aujourd'hui, cette société malade qui ne veut pas aller chez le médecin, comme le dit le cinéaste ukrainien Rodnianski ? À la fin de notre dernière conversation, tu parlais de la nécessité d'un antidote pour la Russie, tu disais qu'il n'était pas question de revanche, mais d'antidote. Et moi j'entends encore certains observateurs en France dire que la France peut jouer un rôle de médiateur entre l'Ukraine et la Russie. Mais je ne suis pas sûre que les Français soient dans un état d'esprit tel qu'ils puissent être aujourd'hui des médiateurs crédibles. Et je ne suis pas sûre qu'ils seraient utiles. Ils n'auraient sans doute pas la confiance des Ukrainiens.

C'est très important ce que tu dis là. Celui qui prétend au rôle de médiateur peut dans les faits, comme dans le cas du Vatican, dévaluer ce rôle, s'il agit de façon peu intelligente. Si tu veux demain jouer les médiateurs, alors tu dois aujourd'hui déjà dire la vérité à chaque partie du conflit. Ne pas croire qu'il suffit de dire des paroles de paix pour qu'un effet positif se produise. Si aujourd'hui tu évites de mentir, alors tu te crées un capital de confiance qui te permettra par la suite d'être un médiateur crédible.

Ceux qui veulent être les médiateurs à l'avenir doivent avoir la confiance des deux parties.

Pour revenir à la Russie, dont je sais qu'elle te tient à cœur : il y a un certain temps, j'ai réuni en un grand tome de nombreux articles du philosophe Sergueï Averintsev qui étaient parus dans diverses maisons d'édition russes. Et j'ai rédigé une préface. C'est un cas unique au XXe siècle, car un homme seul, malgré tous les empêchements de la censure soviétique, a écrit tout un dictionnaire. Je peux t'envoyer le PDF, et le livre est aussi disponible aux Éditeurs réunis, rue de la Montagne Sainte-Geneviève. C'est une sorte de réponse à *L'Archipel du Goulag*. Une attention particulière est portée à deux termes. Le premier est l'« isolationnisme ». Il y a eu l'isolationnisme soviétique, et maintenant nous avons un nouvel isolationnisme, l'isolationnisme poutinien, fondé sur cette idée que la Russie est une forteresse assiégée. J'ai seulement rappelé l'étymologie de ce mot. « Isola », c'est l'« île ». Pratiquer l'isolationnisme, c'est se convaincre qu'on est sur une île et qu'on est entouré d'ennemis. Il y a une blague à ce sujet : si on regarde la télévision russe des dix dernières années, on a l'impression que la « petite Russie » est entourée de toutes parts par la « grande Ukraine ». Cette vision déformée du monde – nous avons parlé de carte mentale –, c'est le modèle de l'isolationnisme. Comment surmonter cette vision ? Comment remettre en avant l'idée qu'aucun homme n'est une île ? Je me réfère ici à l'aphorisme de John Donne, « No man is an island ». Nous sommes tous liés les uns aux autres, d'une façon ou d'une autre. Nous ne pouvons tout réparer dans notre logement, nous avons forcément besoin de faire appel à quelqu'un pour nous aider à réaliser telle ou telle tâche. Et c'est là que je pense qu'il est très intéressant de s'arrêter sur le mot archipel. Quand on parle d'archipel, on pense généralement à un groupe d'îles, comme en mer Égée par exemple. Mais l'étymologie nous dit que « archi » c'est le début (comme dans archétype, archéologie), et « pylagos » c'est la mer. Donc l'étymologie indique que l'archipel, c'est la mer des mers : pas seulement un groupe d'îles, mais ce qui rassemble ces îles. Pour moi, cette notion d'archipel est un modèle fertile pour nous tous, y compris peut-être un jour pour la Russie elle-même : cette idée permet de passer du modèle isolationniste – nous sommes une île et le monde entier est contre nous, tout le monde est russophobe – à un modèle de nouvel archipel. Un archipel est un groupe dont les unités interagissent, et le plus important, c'est ce qui les rassemble. Quel est l'environnement dans lequel elles existent ? Quelle est la mer sur laquelle elles voguent les unes vers les autres ? Quelle est la nouvelle forme de communication ? Au lieu d'emprunter les chemins battus d'un discours pas du tout constructif, je crois qu'il vaut mieux se demander quel archipel peut surgir après ce modèle isolationniste, ce modèle îlien. Je crois que nous ne sommes qu'au début, que le nouveau modèle n'existe pas encore, mais il ne faut pas avoir peur de chercher de nouvelles métaphores, de nouveaux discours, de nouveaux narratifs, pour arriver à un nouvel espace.

Il me semble que ce qui apparaît de plus en plus clairement, c'est tout ce thème de l'homme, du citoyen, de l'opposition au système totalitaire. Pourquoi la résistance ukrainienne a été possible ? Qu'est-ce qu'elle signifie ? À quoi, à quel système elle s'oppose ? Et comment peut-elle irriguer à la fois la réalité européenne et la réalité russe ? C'est le sujet.

Exactement. Et on peut dire qu'en amont et en aval, nous sommes en train d'éclaircir les racines de cette résistance, ses prémisses, ses présupposés, ses a priori axiomatiques, son sens, et enfin, la résonance qu'elle peut avoir. Il s'agit d'une mélodie forte, qui est plus importante qu'un simple signal d'alarme. Il faut discerner quelles en sont les résonances dans différents espaces – culturel, social, politique, historique. Nous devons essayer de déterminer, comment cet espace extraordinaire, jamais découvert, entre en résonnance avec cette résistance.

CINQUIÈME CONVERSATION

MOMENT DE VÉRITÉ POUR L'OCCIDENT

Être de Kyiv, une identité forte

Nous avons beaucoup parlé de l'identité ukrainienne, mais parle-moi de toi, de la manière dont ton identité particulière s'est constituée. Je veux en faire un moyen d'entrée dans cette histoire ukrainienne que nous explorons ensemble. Tu es né dans une famille russophone, d'un père né en Sibérie et d'une mère ukrainienne. Mais tu m'as dit que ta première identité avait été kiévienne. Pourquoi pas ukrainienne ?

Je te parle de faits. Être de Kyiv, c'est une identité très forte. Et si tu passes 30 ans à Kyiv, c'est-à-dire toute l'enfance, toute la jeunesse, et toute la formation intellectuelle, c'est énorme… J'ai soutenu ma thèse de doctorat en philosophie à Kyiv. Ma réponse était donc factuelle, elle traduisait mon « identité narrative » telle que la définit Paul Ricœur. Mais elle exprime aussi la reconnaissance du fait, j'insiste, que l'identité de Kyiv est très forte. Ce n'est pas une identité ethnique, comme on dit par exemple « je suis Corse », ou « je suis Catalan ». C'est l'idée d'appartenir à une ville européenne avec une immense histoire. J'ai toujours aimé le passé ancien, antique, de Kyiv, c'est-à-dire les endroits comme la cathédrale Sainte-Sophie de Kyiv, qui date du début du XIe siècle, avec ses mosaïques rappelant les mosaïques d'Italie. J'ai toujours eu le sentiment très vif que cette identité kiévienne était réprimée, je savais pertinemment que les dissidents y étaient persécutés encore plus violemment que les autres dissidents d'URSS. La seule ambassade étrangère qui existait à Kyiv à l'époque soviétique était l'ambassade de la Pologne. Les autres ambassades, celles qui avaient toujours constitué des fenêtres ouvertes vers le monde libre, par exemple pour la transmission de manuscrits interdits, de lettres, d'appels, ces ambassades qui jetaient des ponts entre l'Occident et Kyiv, c'était évidemment beaucoup plus compliqué. Elles étaient à Moscou ! Les journalistes occidentaux étaient aussi beaucoup plus présents dans la capitale de l'Union soviétique qu'à Kyiv. Ce n'est pas un hasard que tu sois venue à Zaporijjia, comme tu me l'as raconté, non pas à partir de Kyiv, mais à partir de Moscou. Nous savions par nos manuels scolaires que l'Ukraine était devenue membre de l'ONU à partir de 1945, le 24 octobre si ma mémoire est bonne, en même temps que la France ! L'Ukraine a été pays cofondateur de l'ONU, alors que par exemple, la Belgique a rejoint l'ONU deux mois plus tard, fin décembre. Mais on avait aussi le sentiment que ces faits étaient faux, trompeurs. Car, à l'époque, on n'a pas donné de pouvoir réel à l'Ukraine ! L'URSS utilisait le fait que l'Ukraine existait pour profiter de sa voix, sans lui donner le moindre poids dans les décisions, puisque toutes les décisions étaient prises au Kremlin. C'était une hypocrisie clairement articulée autour des institutions internationales, depuis 1945.

Ce qui était important pour moi dans l'identité de Kyiv, dans sa mémoire, c'est qu'elle était une ville martyre de la Seconde Guerre mondiale. La Shoah a commencé à Kyiv, bien avant Auschwitz, et l'un des autres symboles de la Shoah est Babi Yar, nous en avons déjà parlé précédemment, qui a été le théâtre du massacre de fin septembre 1941. Tu connais évidemment cette histoire. Comme celle des 30 000 habitants de Kyiv, juifs, en particulier des amis de ma famille, de ma mère, de ma grand-mère, qui ont été fusillés sur place.

Ta famille n'a pas été touchée par la Shoah ?

Non. Dans l'un des derniers trains quittant Kyiv, qui a traversé le Dniepr alors que les ponts étaient bombardés par l'aviation allemande, se trouvaient ma mère et sa tante, qui était médecin en chef de l'hôpital des enfants. Elles ont quitté Kyiv la veille de l'occupation. Toutes les deux étaient juives, elles ont donc échappé de justesse au massacre. Le nom, clairement juif, de ma grand-tante, qui m'a beaucoup marqué pendant mon enfance car nous vivions ensemble, était Goda Natanovna Miretskaïa.

Ils sont partis en Russie ?

Ils sont partis en Sibérie, où ils ont vécu des moments très durs, une vie très précaire, limitée, souvent à la limite de la famine. Ma mère m'a raconté que jeune fille, à partir de l'âge de treize ou quatorze ans, elle travaillait toute la journée pour avoir une petite soupe le soir. Tout cela, elle me le raconte encore aujourd'hui. Elle était présente à Kyiv pendant les premiers bombardements en 1941, et elle dit que ce sont exactement les mêmes bruits de bombardements qui reviennent aujourd'hui. Hier par exemple, on a marché ensemble, et un avion tout près de nous a fait un bruit terrible. J'ai vu qu'elle tremblait. Je lui ai dit tout de suite pour la calmer : « C'est un avion à nous. » « *Tse nash litak.* » J'ai vu qu'elle était bousculée, à la fois physiquement, psychologiquement, spirituellement. Tout son être était exposé et vulnérable.

Le fait que nous soyons exposés à cela ensemble, tout comme mon fils qui est à Kramatorsk sous les bombes aujourd'hui, signifie que trois générations de Sigov sont en train de vivre cette guerre, avec trois mémoires très différentes, trois expériences très différentes, mais étroitement liées. Par exemple, mon fils Roman est très lié avec sa grand-mère, donc avec ma mère, et dès qu'il a eu une journée libre, il est venu la voir avec les deux journalistes de Radio France qu'il accompagne dans leurs reportages. Récemment, nous avons déjeuné à cinq, les deux journalistes français, Roman, ma mère et moi. C'était un déjeuner historique ! Ma mère, qui avait vécu chez nous à Paris, quand nous y habitions, a cité une chanson aux reporters français pour dire quelque chose de sympathique. J'étais au milieu, Roman était à ma gauche et ma mère était à ma droite. En face, il y avait les deux journalistes français. Nous avons bu un bon vin rouge et le repas a été l'occasion d'un échange à propos de la guerre. Le journaliste qui était en face de moi a dit que ce serait bien que je change de place avec Roman, pour qu'il puisse plus échanger avec sa grand-mère. Cela m'a touché car c'était une sage remarque. C'était surtout la seule chose que ma mère attendait, ce geste clair, pertinent et plein d'humanité. C'était la première fois que ce journaliste voyait ma mère, mais il a tout de suite compris qu'il y avait une affinité très profonde entre la grand-mère et le petit-fils.

Roman a vingt-cinq ans, il est né à Kyiv dans l'Ukraine indépendante, et il a connu l'Europe toute sa vie, à Kyiv et ailleurs (35). Il a fait ses études en sociologie, travaillé à l'université de Dublin, en Irlande, puis passé six mois en Allemagne où il a appris l'allemand. Il a aussi vécu six mois à Genève. Résultat, il parle huit langues couramment : français, anglais, italien, allemand, polonais, ukrainien, russe, et il est en train d'apprendre le japonais, le grec et le latin ! Cet immense intérêt des langues et de la découverte du monde, ce goût de voyager, fait qu'il est mobilisé aujourd'hui pour accompagner les journalistes occidentaux à Zaporijjia ou Kramatorsk.

En apprenant tout cela, j'ai réalisé que grâce à cette expérience de Roman, l'avenir de l'Europe se retrouvait étroitement lié à ce qu'on appelle dans votre langue journalistique « les fixeurs ». Le mot « fixeur » est très intéressant, il est dérivé de l'anglais, c'est quelqu'un qui aide les journalistes à traduire, à organiser les rencontres sur le terrain. À mon avis, en miniature, ce que fait un fixeur dans cette guerre, c'est exactement ce dont aura besoin l'Europe de demain. Un fixeur est quelqu'un qui assure la communication, c'est aussi en quelque sorte le guide des médias étrangers. Le sens originel provient toutefois de la photographie classique, il faut une qualité chimique pour fixer les photos.

Notre tâche a été de réparer les ponts avec l'Europe

En anglais, « to fix » veut aussi dire réparer…

Exactement ! Ce dont a besoin l'Europe, c'est d'être à la fois réparée, traduite, coordonnée, guidée… c'est vraiment un mot d'avenir. Ce n'est pas seulement un petit mot technique qui surgit pour le temps de la guerre et de la communication spécifique qu'exige l'état d'urgence. Cela permet de comprendre l'incompréhensible, à la fois une langue, une situation, une mentalité, les circonstances, le jargon, l'accès à une réalité ignorée. Et cela permet aussi de fixer de nouveaux contacts, de les approfondir. Roman fait tout cela, mais je peux dire que tout ce que je faisais depuis 1990, c'était aussi cela. Après mon temps au Collège de France, on m'a invité à enseigner à l'École des hautes études en sciences sociales, je faisais la navette entre Kyiv et Paris. J'enseignais six mois au 54 boulevard Raspail, au huitième étage. J'ai été très bien accueilli par Jacques Derrida, Paul Ricœur, Jacques Le Goff, Pierre Bourdieu et d'autres. Puis je rentrais à Kyiv mes valises remplies de livres. C'était très lourd, parfois, les valises se cassaient à cause du poids intellectuel ! Et je faisais traduire. J'avais compris qu'il fallait traduire tout cela, pas seulement dans mon appartement de Kyiv, mais pour vraiment rendre ces textes importants disponibles, les faire circuler, les interpréter, inviter des auteurs.

C'était un travail laborieux, physiquement et intellectuellement, visant à bâtir des ponts là où ils étaient cassés. Parce que, détail très symbolique, j'ai dû aller chercher à Moscou mon premier visa, pour aller de Kyiv à Paris, et rejoindre le Collège de France. L'ambassade de France n'existait pas à Kyiv en 1990. Cela s'expliquait par la volonté impériale russe de couper court à tous les contacts directs entre Kyiv et l'Occident. Alors que tu sais bien qu'historiquement, c'était Kyiv qui était beaucoup plus liée à l'Ouest. Kyiv était le laboratoire où s'effectuait le passage de l'occident et de l'Europe vers les Slaves de l'Est. Ce sont des professeurs de notre université Mohyla, qui ont fondé l'université à Moscou, et plus tard celle de Saint-Pétersbourg.

Et donc, parce que Kyiv avait joué un rôle clé pour mixer les cultures, pour effectuer la traduction d'Est en Ouest, on a tout fait pour que Kyiv arrête de jouer ce rôle et que la ville ne soit pas connectée directement. Même les traductions de Karl Marx en Ukraine étaient interdites à partir de l'original en allemand, il fallait traduire en ukrainien à partir du russe ! Quand on y pense, c'était quand même énorme d'interdire de traduire à partir de l'original. À plusieurs reprises, tout a vraiment été fait pour détruire les ponts culturels qui existaient. J'ai donc compris, quand l'ouverture a commencé, que la tâche de notre génération serait de réparer cela et de rétablir les ponts nécessaires. Mon premier voyage vers Paris s'est fait en train, pas en avion, cela durait trois jours et trois nuits. J'ai pris par exemple le train Kyiv-Berlin, il y avait un changement de plusieurs heures à la frontière pour changer les roues. J'ai contemplé pendant plusieurs heures comment on changeait pour se mettre sur les rails européens, une expérience inoubliable.

J'ai vécu cette expérience en sens inverse, en 1984, avant la perestroïka, dans le cadre d'un stage linguistique à Moscou. Le passage à Brest-Litovsk, avec le changement de roues, car l'écartement des rails était différent, était alors une sacrée expérience. Le passage du Mur était tout à fait terrifiant aussi, à Berlin, avec les garde-frontières est-allemands taillés comme des armoires à glace et accompagnés de chiens.

Dans le train, tu vois ensuite le changement de paysages, les maisons, la culture et l'agriculture. Et puis bien sûr l'image inoubliable du train qui entre dans Cologne, et la vision d'une immense cathédrale qui surgit à 200 mètres de la gare. Puis on a continué vers Paris, et le train est arrivé avec les mêmes wagons, mais une configuration de train qui avait beaucoup changé. C'est une expérience qui n'est pas celle de mon fils, puisqu'il n'a jamais fait ça en train, toujours en avion. Mais aujourd'hui, qu'est-ce qui se passe ? Voilà qu'on en revient au train, car il n'y a plus de connexion par avion depuis le début de la guerre. Tous les chefs d'État européens, le Premier ministre britannique et le chef de l'ONU, sont arrivés par train. Roman, qui a été invité à se rendre en France le 9 mai pour le grand congrès de la fête de l'Europe, pour témoigner de ses expériences, de son travail de fixeur, a dû lui aussi prendre le train, comme son père il y a 32 ans, pour aller de Kyiv en Pologne, et puis prendre l'avion jusqu'à Paris.

Je veux souligner que moi-même, j'ai été dès le départ poussé à voir large, à regarder vers l'Europe. Mon père, pendant mon enfance, m'a initié à lire *Oliver Twist* en anglais. Il aimait Dickens, Victor Hugo, et notamment *Les Misérables*.

Je comprends ce que tu dis sur ta volonté de renouer les fils avec l'Europe à travers la culture et la littérature. Mais comment ton père et ta mère se définissaient-ils ? Comme Russes ? Comme Soviétiques ? Et après 1991, comme Ukrainiens ou non ?

On peut dire avec certitude que notre famille n'est pas soviétique, mais kiévienne. Mes parents ont accueilli à la maison Viktor Nekrassov, qui avait vécu à Kyiv, avant d'émigrer à Paris. À la maison, on avait des livres dédicacés de lui et le lien entre Kyiv et l'étranger était présent. Autre exemple, on chantait à la maison les chansons d'Aleksandr Galitch, qui a aussi émigré à Paris. C'était vraiment culturel. On n'était pas dans les premières loges de la dissidence, mais on aimait lire les écrivains ukrainiens interdits, connaître une pensée autre que la pensée communiste. Je peux te donner un exemple du comportement de mon père, qui dirigeait une chaire d'informatique à l'université. Il avait soutenu sa thèse dans ce domaine, à l'institut de cybernétique de Kyiv, où se trouvait d'ailleurs l'une des meilleures écoles de mathématiques d'URSS. J'ai ensuite réalisé que beaucoup de personnes à l'Ouest apprenaient le russe pour pouvoir lire les travaux mathématiques de collègues de Kyiv.

Ton père avait fait ses études à Kyiv ?

Oui ! Il est venu à Kyiv après la libération de Kyiv en 1944, avec son père qui était directeur de l'Institut de physique à Iekaterinbourg – à l'époque Sverdlovsk. Son père, donc mon grand-père, Alexeï, avait reçu un prix d'État, à l'époque le prix Staline, parce qu'il avait participé à l'élaboration de métaux pour les chars russes, les fameux chars T34, en tant que physicien. Il était en Sibérie pendant la guerre, et une fois Kyiv libérée, l'Institut de l'académie des sciences d'Ukraine devait retourner à Kyiv et il a invité mon grand-père à venir continuer ses travaux en physique à Kyiv. Puis il est devenu directeur de l'Institut de physique à Kyiv.

Mon père est arrivé à Kyiv, à l'âge de quinze ans. Comme ma mère, il était né en 1929. Il a vu les réaménagements du boulevard Krechtchatyk qui avait été détruit pendant la Seconde Guerre et a même participé à la reconstruction dans les décombres, comme jeune garçon. Il admirait le Dniepr et la vue du fleuve depuis les grandes collines avoisinantes. Il est donc littéralement tombé amoureux de Kyiv. C'est aussi peut-être le fait qu'il soit tombé amoureux de cette ville, qui fait qu'il se sentait plus kiévien qu'une personne née à Kyiv. Il a vraiment adoré la ville et il a pu aussi trouver la littérature qui nourrissait cet amour. Il aimait beaucoup les nouvelles de Leskov, qui parlent de Kyiv. Nikolaï Leskov, qu'on considère toujours comme un grand écrivain russe, a longtemps vécu à Kyiv et a écrit *Les Originaux de Petchersk, Petcherskie Antiki* (36), livre superbe qui décrit les mœurs et les personnages exceptionnels du XIXe siècle. Kyiv a aussi été décrite par d'autres grands écrivains, en particulier Kouprine et Paoustovski, que tu connais peut-être. Constantin Paoustovski (37) était né à Kyiv, où il avait fini le lycée et l'université. Je suis né le même jour que lui, le 31 mai 1962, alors qu'il fêtait son 70e anniversaire. Mon père avait rapporté ce jour-là les journaux qui parlaient de Paoustovski. C'est comme ça que mes parents ont décidé de me nommer Constantin. Il faut dire aussi que le frère de mon grand-père s'appelait Constantin. Dans la famille de mon grand-père, plusieurs frères sont passés par le goulag. Leur mémoire avait été profondément blessée par le stalinisme.

Mon grand-père était né dans une famille de quatre frères, et son père, mon arrière-grand-père, était écrivain et peintre dans le milieu de Vladimir Korolenko, une sorte d'Émile Zola qui a joué un rôle de conscience morale contre l'antisémitisme de l'époque. Mon grand-père Alexeï Sigov était d'ailleurs assez connu dans l'empire russe, il avait publié plusieurs livres et romans sous le pseudonyme de Pogorelov. Dans l'Oural, il y avait un musée de la famille Sigov. C'était la tradition des intellectuels inspirés par l'affaire Dreyfus, qui comme Korolenko, avaient défendu un juif nommé Beilis à Kyiv, accusé à tort du meurtre d'un enfant. Bref, courait dans ma famille une tradition d'opposition à l'Empire russe, une voix de la société civile qui défendait plus de liberté. Au début du XXe siècle, cette tradition, qui poursuivait le chemin ouvert par Herzen au XIXe siècle, reflétait une tradition anti-impérialiste, favorable à la société civile et aux libertés. C'était la tradition intellectuelle de la famille de mon père.

Retournons à ton père. À quel moment, s'est-il considéré comme Ukrainien ?

Il a embrassé totalement l'indépendance de l'Ukraine au moment de la proclamation d'indépendance en 1991. Lui et ma mère, consciemment, ont voté pour l'indépendance lors du référendum du 1er décembre 1991. Il s'intéressait de longue date à la littérature ukrainienne. C'était un ukrainophile convaincu. Le parcours de mon père est le suivant : à la suite de son père, il a fait l'université polytechnique dans les années 1950. Comme il était l'un des meilleurs de sa promotion, il a voulu faire sa thèse de doctorat. Mais tout à coup, il a été convoqué au KGB, où on lui a annoncé qu'il était réquisitionné. Il a travaillé plusieurs années dans une ville dite secrète, Sverdlovsk 44 au début des années 1950. Dans les années 1970, nous avons visité l'endroit avec ma mère, mon père et mon frère. C'était toujours une cité interdite, où les trains ne s'arrêtaient pas, sauf pour des occasions spéciales. Fondée par Beria pour la menée de recherches sur l'arme nucléaire, elle abritait des usines et des institutions secrètes. Mon père y a d'ailleurs subi une radiation, et il est mort relativement jeune, à soixante-dix ans, en 1999. Alors que ma mère vit toujours, vingt-trois ans après. Quand il a été recruté pour ces recherches, il a été séparé brutalement de ma mère, qui était restée à Kyiv. Pendant trois ans, on l'a forcé à rester dans une zone fermée, sans pouvoir sortir librement. La seule échappatoire était de faire un doctorat ! C'est comme ça qu'il s'est échappé. Il en est sorti et tout de suite, il s'est marié avec ma mère et est revenu à Kyiv. Il était très marqué par cette expérience, il savait pertinemment ce qu'était le stalinisme, ce qu'était le militarisme soviétique… Il avait une allergie très forte à ce monde-là, et c'était une raison de plus pour chercher une autre source d'inspiration. Chaque week-end, il sortait de Kyiv et nous emmenait découvrir les environs : Irpin, Boutcha, Borodianka, tous ces lieux champêtres ressemblant à votre Fontainebleau qui sont devenus soudain tristement célèbres à cause des exactions russes.

Avec lui, nous marchions à pied dans des forêts immenses, des endroits très beaux, car tout Kyiv est entouré par des bois. C'étaient vraiment les endroits clés de notre enfance. Chaque été, printemps, automne. Mon père, attaché à son identité kiévienne, a aussi découvert au fur et à mesure l'existence d'une culture ukrainienne. Durant toute mon enfance, depuis les années 1960, j'ai entendu à la maison les chants ukrainiens. Mon père et ma mère avaient deux belles voix, donc ils chantaient à deux voix de façon exceptionnelle, il s'agissait souvent de chants ukrainiens superbes.

Tes parents parlaient ukrainien ?

Oui, tous les deux parlaient ukrainien. Ma mère, qui est née à Kyiv, parlait l'ukrainien qu'elle a exploré à l'école grâce à son amour pour la poésie ukrainienne, de Lesya Ukrainka (38) à Lina Kostenko (39). Mon père a appris l'ukrainien à l'âge adulte, notamment à la campagne, mais aussi quand les gens qui venaient à la maison étaient Ukrainiens et parlaient ukrainien. Comme il était anti-impérial et antisoviétique, il aimait particulièrement les deux identités réprimées, ukrainienne et juive. Je me souviens que depuis mon enfance, j'ai entendu mon père utiliser avec beaucoup de dureté et de sévérité le mot « antisémite ». Si mon père prononçait ce terme à propos de quelqu'un, cela signifiait qu'on n'allait plus avoir de rapports avec la personne, c'est-à-dire qu'elle était jugée infréquentable. Dans son attitude, il y avait aussi toute la mémoire de Babi Yar et du passé dramatique qu'avaient connu les juifs d'Ukraine. Je me souviens aussi qu'il m'a raconté avoir été convoqué par les services spéciaux de l'Institut, pour qu'on lui demande de signer une lettre accusant un collègue d'avoir fait quelque de chose de répréhensible vis-à-vis du régime. Il a répondu qu'il ne connaissait ni le collègue ni l'acte qui était jugé, et a refusé de signer. Ils lui avaient proposé un voyage de quelques semaines aux États-Unis, ce qui à l'époque, était un rêve, le voyage d'une vie ! Ils lui ont dit : « Le choix est clair, soit vous signez la lettre, soit vous n'allez pas aux États-Unis. » Il a persisté à refuser et n'a jamais visité les États-Unis. La première fois qu'il est venu à Paris, nous avons marché avec lui sur le Champ-de-Mars, et il m'a raconté cette histoire en disant que pour lui, la visite de Paris était en quelque sorte la raison qui montrait qu'il avait bien fait. C'est-à-dire que Dieu, enfin le destin, lui ouvrait la porte qui avait jadis été fermée par le régime. Il a pu visiter la France, il a d'ailleurs beaucoup marché à pied, traversant tout Paris, et en venant à connaître la ville mieux que moi ! Il a traduit Tocqueville, et notamment l'entièreté de l'Ancien Régime et la Révolution.

C'est vraiment intéressant. Et du coup, toi tu as grandi dans cette configuration pro-européenne et pro-ukrainienne. Toi, tu es kiévien et ukrainien tout de suite, en 1991 ?

Oui ! Être kiévien et ukrainien, c'était en quelque sorte synonyme, et j'ai appris le sens de ces synonymies avec le temps. S'affirmer kiévien, c'était affirmer son indépendance, affirmer que la tête du pays était indépendante, libre, et qu'au fur et à mesure, tout pays doit devenir indépendant, mentalement, culturellement, économiquement, et militairement aussi. Mais le premier choix était celui d'une culture libre, d'une vision du monde libre, et donc d'une libération intellectuelle et mentale. C'est là qu'on a investi véritablement avec les deux institutions qui définissent cette identité, à travers toute l'Europe et en France. Les deux institutions qui décident en quelque sorte de l'identité nationale depuis le XIXe siècle, ce sont les universités et les maisons d'édition.

Et j'ai participé à la fondation des deux. J'ai fondé une maison d'édition, L'Esprit et la Lettre (*Dukh i Litera*), et j'ai participé depuis le tout début à la refondation de notre université Mohyla, qui est le berceau de toute l'intelligentsia.

La plupart des cadres ukrainiens qui sont aux postes de responsabilité aujourd'hui dans les ministères et les projets internationaux de l'Ukraine, sont nos anciens étudiants.

Le serment de l'Ukraine à l'Europe intellectuelle

Justement, il y a un sujet qui m'intéresse ; c'est celui du point de rencontre entre émergence de la nation ukrainienne, de son identité culturelle à travers les institutions dont tu parles, et émergence des institutions étatiques. J'ai eu le sentiment lors de mes voyages successifs à Kyiv que l'affirmation de l'État ukrainien, et aussi de l'armée, n'avait pas été évidente ; qu'elle était en retard sur l'affirmation de la société civile. Je me souviens avoir parlé avec des officiers originaires d'Ukraine, dont certains en réalité étaient russes, certains ukrainiens. Pour beaucoup d'entre eux, cela avait été un dilemme de se dire : « J'avais prêté serment à un pays, maintenant je dois prêter serment à un nouveau pays, quel pays je dois choisir ? » Je me souviens avoir interviewé des officiers qui se posaient même la question du pays auquel ils devaient prêter allégeance, et qui étaient déchirés par cette question (40).

Oui, tout cela a bien existé. Dans le domaine de la culture, ce n'était pas si tranché. On n'avait pas cette alternative-là, on n'a pas prêté serment au sens formel, mais c'était d'une certaine manière plus facile car en amont, on avait déjà prêté serment à l'Europe intellectuellement. Tout le discours kiévien veut dire que Kyiv fait partie des capitales de l'Europe. Ce qui était formel, par exemple l'Ukraine membre de l'ONU depuis 1945, devait devenir *de facto* une réalité politique. Et d'ailleurs, assez vite, près de l'ambassade de la Pologne, est apparue l'ambassade de France, à quelques centaines de mètres. J'ai été l'un des premiers visiteurs de cette ambassade de France à Kyiv, j'ai connu les premiers ambassadeurs, tous les autres aussi, et pour moi, c'était une grande joie de participer aux recherches de locaux pour le premier Institut français à Kyiv, c'est-à-dire la première institution culturelle occidentale. L'Institut français a précédé le Goethe Institut, le British Council et les autres. C'était une bataille culturelle, on n'employait pas encore le mot « soft power », mais on comprenait qu'il s'agissait de cela. Il s'agissait d'un échange direct entre Kyiv et Paris, entre la langue ukrainienne et la langue française... D'ailleurs, dès le départ, on a traduit en langue ukrainienne. En 1991, j'ai signé un contrat avec Flammarion, toujours rue Racine où j'habitais, pour l'ouvrage d'André Glucksmann, *Le 11e Commandement* (41). J'ai signé un contrat pour traduire Henri Bergson, et pour d'autres livres à traduire en langue ukrainienne. J'ai écrit une préface pour Bergson, l'ouvrage s'appelait d'ailleurs *Le Rire*, donc c'était pour moi une manière un peu rabelaisienne de dire adieu à l'Empire, d'en rire, de se moquer des choses. Cela nous libérait, ce n'est pas pour rien que j'avais choisi comme thème de mon doctorat « Le jeu », une manière de liberté incarnée dès l'enfance. Mon sujet s'intéressait à l'importance du jeu dans le développement de l'enfant, pourquoi il apprend les langues en jouant avec les mots, pourquoi au lieu de marcher strictement et droit comme le font les soldats, l'enfant danse. Pourquoi il choisit de courir, de gambader, etc. Pourquoi dans l'anthropologie même, dans le développement humain, est inscrite cette liberté. C'est cela qui m'intéressait au premier chef : la question de la liberté viscérale, à quel moment la matrice de l'être humain respire cette liberté, et comment cela s'articule concrètement à travers les développements de l'être humain et de la culture.

Car toute la culture tourne autour du jeu, pas seulement à la philharmonie, dans les opéras ou les ballets, mais dans tout ! Toute la culture respire ces jeux libres. Quand on dit, poussé à l'extrême, l'art pour l'art, c'est le jeu pour le jeu. Il y avait aussi une question de « règles du jeu » qui m'intéressait énormément, la question du droit. Pourquoi ne doit-on pas transgresser les règles ? Que veut dire respecter les règles ? Quel est cet espace de liberté impensable sans règles ? S'il n'y a pas de règles, le football est impensable, sans quoi cela devient de la violence. Dès qu'on transgresse la règle, tout devient tout de suite violent.

C'est intéressant, cette interaction du jeu et des règles du jeu que tu évoques, parce qu'il y a eu une évolution très claire et dangereuse, à mon avis, dans l'éducation occidentale, qui a promu la disparition de la règle. Il y a eu toute cette idée du jeu, de la liberté dans l'éducation, fertile, utile, mais qui a fini par dériver en Occident, où la règle a disparu. Et c'est ça, à mon avis, qui a tellement affaibli notre système d'éducation, cette liberté totale de l'élève que plus aucune limite ne borne. N'est-il pas temps de revenir à l'équilibre ? Je voulais revenir toutefois sur un autre aspect que tu évoques, celle du « rire » en lien avec Poutine, mais d'abord je voulais te demander comment toi, qui, en 1991, avais vingt-huit ans, tu as vécu la disparition de l'URSS sur le plan de l'observation ? Pas seulement relativement à ton sentiment d'appartenance et ton identité. Plus prosaïquement, est-ce que tu étais étonné, est-ce que vous étiez étonnés dans ta famille et ton milieu, de la disparition sans guerre de l'URSS ? Il y a eu des conflits certes, qu'on a tendance à oublier, des moments de violence. J'en ai vécu comme reporter, par exemple à Vilnius en janvier 1991, où je suis resté cinq semaines quand les chars soviétiques envoyés par Gorbatchev sont entrés et que la population les a arrêtés. J'ai vu les nouveaux garde-frontières lituaniens construire la frontière entre la Lituanie et la Russie, et les OMON russes venir détruire le soir, la nuit,

chaque jour, ces postes-frontière. C'était absolument fascinant cette bataille pour savoir s'il y aurait une séparation ou non. Il y a eu d'autres épisodes que l'on connaît en Ossétie, en Transnistrie, etc. Mais en Ukraine, l'année 1991 marque la disparition de l'URSS sans violence. Donc ma question est la suivante : est-ce que c'était une stupéfaction pour vous, que ça se produise sans violence ? Comme le soulignait Andreï Gratchev, l'ancien porte-parole de Gorbatchev que j'ai interviewé récemment pour faire un papier sur le trentième anniversaire de la fin de l'URSS, il apparaît que nous sommes toujours le 26 décembre 1991 ! Ce qui ne s'était pas produit alors se produit maintenant ! Cette violence, dont tout le monde se demandait comment on avait pu l'éviter, se produit maintenant. Je me demandais comment vous, vous aviez vécu cela, à ce moment-là.

C'est une très bonne question car évidemment, une grande part d'étonnement accompagnait tout ce processus. Je me souviens très bien qu'en 1991, notre espoir était de pouvoir se libérer de la peur et de la violence du régime soviétique, qui étaient en fait le leitmotiv du pouvoir. En août 1991, nous avons assisté à l'effort d'un groupe de putschistes constitué au sommet de l'État pour écarter Gorbatchev et remettre en place le pouvoir du KGB, des militaires et du parti communiste. La faillite de ce putsch a été vraiment une grande fête, c'était fantastique.

Oui, cela a été un moment extraordinaire… J'étais à Moscou à l'époque, j'ai couvert ce putsch…

Je me souviens qu'à cette époque-là, quand les premières manifestations ont commencé, les parents suppliaient leurs enfants de ne pas les rejoindre, ils disaient : « On vous tirera dessus comme on a tiré sur nos frères et sœurs. » Les gens d'une génération précédente, surtout en Ukraine, savaient de quoi il s'agissait, qu'ils pouvaient tirer. Les gens avaient formé une ligne vivante entre Kyiv et Lviv, avant le putsch, avant le printemps. Ma famille y est allée, rejoignant cette immense ligne, une chaîne humaine créée pour manifester le fait qu'on n'avait pas peur, et que nous étions solidaires. Je crois que la première bataille qui a été menée, c'est cette bataille contre la peur, pour aller au-delà de cette peur ancestrale. Nous avons d'ailleurs aussi participé à la grande procession qui a accompagné le transfert du corps de trois grands dissidents ukrainiens, en particulier Vasyl Stus, notre grand poète (42), qui avait été incinéré à Perm et a été rapatrié à Kyiv.

En fait, l'aspiration du peuple à l'indépendance, à se libérer de la peur, a bénéficié d'un soutien massif. En Ukraine, très vite, en 1988, 1989 et 1990, on a commencé à beaucoup parler des goulags et de Holodomor, cette famine artificielle organisée en Ukraine par Staline, en pleine collectivisation. Je me souviens pertinemment que mon père et ma mère dévoraient toutes les publications à ce sujet, mais aussi *Vie et Destin* de Vassili Grossman et d'autres grands textes interdits auparavant. C'était l'époque où on publiait massivement en Ukraine toute une littérature de la dissidence ukrainienne, qui avait été publiée en Occident pendant la guerre froide. Je pense notamment à une anthologie des grands poètes, *La Renaissance fusillée*, publiée pour la première fois en France, par l'éditeur de la revue polonaise émigrée *Kultura Jerzy* Giedroyc (43), mais aussi à de grands auteurs comme le prix Nobel Czesław Miłosz et l'écrivain ukrainien berlinois Bogdan Osadchuk.

Chez moi, on a vécu la glasnost de façon vraiment très intense. Cela venait aussi après Tchernobyl, après le mensonge officiel qui avait entouré la catastrophe. Tu imagines sans peine je pense, que dans les familles de scientifiques comme la mienne, tout ce mensonge qui accompagnait la catastrophe de Tchernobyl était vécu comme une honte, une barbarie complète. L'identité kiévienne a été modelée par le fait que Kyiv a vécu en direct le désastre de Tchernobyl, à la différence de Moscou et Saint-Pétersbourg. Tous les habitants de la ville, les trois millions d'habitants qu'elle comptait, savaient pertinemment que l'État mentait et tuait ; sans égard pour ses propres enfants, et que la raison d'État était criminelle.

Le putsch de 1991 et le risque de rechute

Clairement, comme tu l'expliques, il y a eu la volonté d'échapper à ce système arbitraire, de peur, de mensonge. Mais ce n'était pas encore la volonté de séparation, pour la majorité, semble-t-il, c'était plus la volonté de désoviétisation que la fièvre de l'indépendance. En mars 1991 se tient un référendum pour rester dans l'Union soviétique, évènement que je couvre en direct, depuis l'Ukraine. Puis à l'été 1991, tout change à cause de la tentative de coup d'État. Quand je me rends en Ukraine en septembre, après avoir couvert le putsch à Moscou au mois d'août, toutes ces folles semaines où tout va se défaire de manière accélérée, interviennent la déclaration d'indépendance de l'Ukraine, puis le référendum de décembre qui voit la population voter pour la séparation.

Je crois que pour les Ukrainiens, le putsch a été un signal d'alarme très fort, qui a révélé le danger de rechute, le fait que la glasnost n'était pas irréversible. Il y avait un risque d'arrêt, et de revanche du KGB et du système soviétique. En Ukraine, on a compris que c'était le moment de couper court, de quitter cet espace qui pourrait s'avérer à nouveau très dangereux. Le danger est réapparu au moment du putsch. Nous avons senti concrètement la menace. Nous avons compris que les gens qui venaient de tenter un retour en arrière étaient des gens qui seraient tout à fait capables de répéter un Tchernobyl bis.

Nous avons *perçu* la réalité du danger. C'est un sujet très important, la perception ! Sur le moment, et à nouveau plus tard, l'Occident n'a pas perçu le danger. Le manque de compréhension de la réalité de la menace a persisté pendant toutes ces années, jusqu'au 24 février 2022. Ce qui se passe aujourd'hui en Allemagne, avec le revirement historique de stratégie vis-à-vis de la Russie, l'abandon de la politique d'ouverture pratiquée par Berlin contre vents et marées depuis 1991, révèle qu'enfin, cette compréhension commence à se préciser. Il a fallu trente ans ! L'incompréhension a été une constante des trente ans, surtout à l'Ouest ! J'ai eu un sens très aigu, à Paris, lors de ma première visite, du fait qu'on assistait entre la Russie et l'Occident, à un dialogue du sourd avec l'aveugle. La Russie n'avait pas du tout la compréhension des libertés et de l'autonomie de l'Occident, du fonctionnement réel de l'autonomie des sociétés civiles, etc.

Malheureusement, dès 1991, certains membres de l'entourage d'Eltsine ont eu un regard déformé et complotiste sur l'Occident. Les gens de cet entourage discutaient de ce qu'ils allaient faire de l'Ukraine. Ils n'ont pas commis de violences comme à Vilnius, en raison de la présence de l'ex-apparatchik communiste Leonid Kravtchouk aux affaires, de la taille du pays et la soviétisation de l'économie du Donbass. Mais en réalité, ils n'ont pas cru que l'Ukraine puisse devenir indépendante. Leur aveuglement était soviétique et postsoviétique, en réalité impérial. Les gens de l'entourage d'Eltsine pensaient que l'Ukraine, après avoir tâtonné et joué son indépendance, allait retourner vers son grand frère et demander, avec des conditions minables, d'être réintégrée à la Russie. C'est grâce à cet aveuglement, si l'on peut dire, qu'ils ne sont pas allés prendre l'Ukraine *manu militari*. Ils ont cru que l'Ukraine allait revenir. Ce fut leur erreur, leur aveuglement. Ils attendaient toujours, à travers les difficultés économiques, que l'Ukraine revienne. Certains faisaient exception, comme le politique libéral Boris Nemtsov, qui avait compris que l'Ukraine ne reviendrait pas et qui ne le souhaitait nullement (44).

Cela n'a pas été le cas de Poutine, qui n'a pas compris l'Ukraine. Il a même incroyablement sous-estimé son désir de souveraineté.

C'est un angle mort, totalement erroné, de sa vision géopolitique. Il n'a jamais compris l'Ukraine. En 2004, il a été choqué par l'énergie de la révolution orange, quand il a réalisé l'existence d'une génération d'Ukrainiens qui étaient déjà ailleurs, et allaient emmener le pays ailleurs. Soudain, il a perçu le danger d'une Ukraine indépendante d'autant plus fortement que pour lui, ce n'était pas seulement un danger venant d'Ukraine. Il était convaincu, avec une persistance dans l'aveuglement, que c'était une manipulation de l'Occident pour attaquer la Russie. Alors que bien sûr, ce n'était pas du tout le cas. Reconnaissons même que la force du sentiment national ukrainien a été une grande surprise pour Paris, et pour les autres capitales de l'Europe.

Mais même à ce moment-là, Poutine n'avait toujours pas compris la force du sentiment national ukrainien, comme on l'a découvert le 24 février. Pour lui, l'Ukraine n'a jamais existé, sauf comme menace pour son pouvoir dictatorial. C'est un paradoxe. Il perçoit un péril mortel dans un pays dont il nie l'existence… Étrange vision où ces trois choses s'entrechoquent : « Vous, les Ukrainiens, vous êtes pour moi un danger mortel. Vous n'existez pas. Donc je veux vous annihiler. »

À partir de ce constat crucial, je voudrais revenir sur la fin de l'URSS. Toi, tu dis que l'entourage d'Eltsine a sous-estimé l'Ukraine et pensé qu'elle reviendrait. Mais est-ce qu'il n'y avait pas surtout chez Eltsine une volonté de trouver un accommodement avec l'indépendance ukrainienne ? On peut dire qu'Eltsine a joué un rôle positif en acceptant l'indépendance de l'Ukraine, ce n'était pas un calcul. Eltsine voulait que la Russie aille vers un amarrage à l'Ouest instinctivement, même si lui-même était un *Homo sovieticus*. C'était un homme qui voulait amarrer son pays à l'Occident. Il estimait que la

nation était importante, et que la Russie devait émerger en tant que nation, puisqu'elle avait été elle-même ensevelie dans l'enveloppe de l'URSS impériale. Il a défendu les Baltes, l'indépendance balte, il a voulu que les choses se passent bien en Ukraine… Il y avait certes chez lui, à cette époque, un calcul politique et personnel pour « tuer » Gorbatchev. Mais je ne suis pas certaine que cela ait été un calcul purement politicien. Des forces « de la revanche » se sont néanmoins reconstituées autour de lui, dans son entourage.

Lors de la rencontre à trois avec les leaders biélorusse Stanislav Shushkevich et ukrainien Leonid Kravtchouk, Boris Eltsine a voulu tout de suite que l'on remette en place une sorte d'Union soviétique numéro 2. Mais Kravtchouk était un renard plein de ruse et il a dit : « Nous avons déjà eu le référendum du 1er décembre, le peuple a voté et je ne peux pas aller contre le peuple. » C'est là qu'a été créée la Communauté des États indépendants, qui était une formule souple, quelque chose à définir. Mais la définition de cette formule a peiné à s'établir et on est passé à d'autres défis, d'autres problèmes. Le pouvoir eltsinien a connu un conflit avec le Parlement russe, qui a été bombardé par des chars en plein Moscou. Puis on a eu la première guerre en Tchétchénie, qui a absorbé l'énergie, y compris militaire, du Kremlin vers le Caucase. Avant, c'était le conflit du Karabagh, avec l'Arménie et l'Azerbaïdjan, donc l'attention vers le Caucase était la priorité. Et je me souviens qu'à Kyiv, pendant la guerre de Tchétchénie, dans toutes les boîtes aux lettres, de petits tracts de la mairie de Kyiv ont été distribués pour nous demander si nous souhaitions que nos enfants aillent guerroyer au Caucase ou si l'on préférait qu'ils fassent leur service militaire dans l'Ukraine indépendante. C'était une manière de nous rappeler la valeur de notre souveraineté !

Pour toutes les familles en Ukraine, la guerre en Tchétchénie a suscité une distanciation encore plus forte et plus rapide, et pour les militaires aussi. Ils ont tout de suite vu ce qui se passait en Tchétchénie, et ont tout de suite adhéré à l'idée que l'on ne devait pas être utilisés et instrumentalisés pour cette mobilisation guerrière, militaire, qui aurait éloigné les forces armées ukrainiennes de la société civile. La deuxième guerre de Tchétchénie et les bombardements massifs de Grozny ont achevé de mettre les points sur les i.

C'est très intéressant de t'entendre parler de votre conscience croissante des dérives inquiétantes qui émergeaient en Russie, de votre conviction que l'on était sans doute face à une rechute violente, une rechute impériale. C'est exactement ce même sentiment qui pousse Lennart Meri, Václav Havel, Lech Wałęsa, en 1994-1995 à dire aux Américains qu'il faut qu'ils rentrent dans l'OTAN

« car il y aura une rechute ». Ils le disent à Clinton et son secrétaire d'État adjoint en charge de la Russie, Strobe Talbott (45). Est-ce que vous, à Kyiv, quand vous regardiez la Russie dans les années 1990, et l'Ukraine elle aussi pleine de problèmes économiques liés à la privatisation criminelle, vous voyiez plus de points communs que de différences ? Dans quel état d'esprit vous trouvez-vous avant l'arrivée de Poutine ?

Effectivement, économiquement ce n'était pas brillant, c'était dur. Je me souviens que j'étais très étonné à chaque retour de Paris. Chaque mois de juin, on devait se décider en conseil de famille, pour savoir si l'on allait en Bretagne, en Normandie ou à Kyiv. Et chaque fois, à l'unanimité avec ma femme et mon fils aîné, nous nous décidions pour Kyiv. En 1992, on a notamment constaté que les rues n'étaient pas allumées le soir, car il y avait un manque évident d'électricité et de produits alimentaires. C'était difficile. Il y avait de vraies pénuries. Mais nous voyions aussi que nous jouissions d'une vraie liberté, à la fois économique et culturelle. Par exemple, on était en train de fonder une université indépendante, pas du tout soviétique, qui n'était pas du tout une transformation de l'ancienne université soviétique. Nous avions vraiment carte blanche, donnée par le Président de l'Ukraine et le Parlement, le tout dans des locaux des XVIIe et XVIIIe siècles. Et aujourd'hui, tout le monde reconnaît que la renaissance de l'université Mohyla a été le plus grand projet culturel, le plus performant, celui qui a le plus apporté. Quand trente ans après l'indépendance, a été établie la liste des trente plus grands projets de l'Ukraine indépendante, la première institution plébiscitée a été l'académie Mohyla. Cette université a vraiment changé la donne et est devenue leader pour toutes les autres universités. Par exemple, l'introduction du baccalauréat et des masters à l'occidentale, et la création d'un cursus librement choisi indépendamment des matières obligatoires, tout cela a marqué un changement radical du système d'éducation en Ukraine. Jusqu'alors, ce système était vraiment l'exemple même du dinosaure figé, étatique, sans aucune liberté, dictatorial pour les professeurs et chercheurs.

Au niveau des échanges, pour les étudiants, l'académie Mohyla a deux langues d'enseignement, dont l'anglais en deuxième langue. On a donné un feu vert à toutes nos universités partenaires. J'ai tout de suite signé un accord-cadre avec l'École de Hautes Études en sciences sociales, et avec d'autres universités à travers l'Europe et le monde. Les étudiants ont commencé à faire des études en Occident et dans d'autres pays du monde chaque année. On était pauvres, mais on était vraiment libres, on avait la liberté de dire la vérité.

Et on tenait vraiment à cette liberté, parce qu'on a vu que, parallèlement, très vite, des députés comme Galina

Starovoitova ou des journalistes comme Vlad Listiev (bien avant Anna Politkovskaïa) ont commencé à être tués en Russie (46). On a compris que la liberté de dire la vérité était sans prix, et qu'il fallait défendre ça de toutes nos forces. Défendre le fait que chaque Président puisse être élu librement, défendre la persistance de vrais débats au Parlement et d'une presse libre. Bien sûr, on a rencontré des difficultés, des batailles, la mainmise des oligarques sur tel ou tel média, mais jamais on n'est retourné à un monopole d'État, et je crois que c'est un facteur très important. Chez nous, le mouvement de la glasnost n'a jamais été entravé, discrédité ou marginalisé.

Pas de Jirinovski en Ukraine

En Russie, l'injustice des privatisations, la dureté des processus économiques, l'effondrement des institutions comme l'école, ont mené à la réémergence de l'*Homo sovieticus* et au discrédit de la démocratie. Mais toi tu dis qu'en Ukraine, ça ne s'est pas produit…

Très clairement, pour montrer un autre marqueur de différence, on n'a jamais eu ni un personnage analogue à l'ultranationaliste Vladimir Jirinovski (47) ni un parti semblable au sien. Noter ça aujourd'hui est très important, car alors qu'il vient de mourir, nous comprenons quel rôle noir, terrible, il a joué en Russie dans la légitimation de la xénophobie, des discours chauvins, militaristes et fascistes. Il a joué le rôle d'avocat du diable de cette nouvelle idéologie à la fois dans les médias et au Parlement. Tu n'imagines pas à quel point les discours de Jirinovski étaient détestés et commentés à Kyiv ! Avec un mélange de honte, de colère, d'ironie et de dégoût. Chez nous, on n'a pas tout de suite interdit le Parti communiste, mais les communistes, depuis la fin de l'URSS, n'ont jamais eu un rôle analogue à celui qu'ils ont conservé en Russie. Ils ne sont plus au Parlement depuis vingt ans, ils n'ont pas de voix politique. Et d'ailleurs, l'extrême droite ukrainienne, dont on parle beaucoup, voire trop, en Occident, n'a jamais eu de poids réel à la Rada (Parlement) ou dans la société. Cela n'a jamais dépassé 1 %, un poids incomparable à celui qu'occupe le Rassemblement national en France.

Pour toi, l'existence d'une extrême droite fasciste ukrainienne est un mythe occidental ?

Ce mythe a été gonflé de manière tout à fait démesurée à partir d'un phénomène marginal. Encore une fois, par nature, Kyiv a toujours été une ville cosmopolite, dans tous les sens du terme, et de manière consciente et développée. Malgré la guerre qui se déroule depuis huit ans, Kyiv reste une ville cosmopolite, avec le musée Boulgakov, le musée des dissidents ukrainiens et beaucoup d'autres ; avec différentes appartenances, différents laboratoires de pensée, différentes voix, etc. C'est à la fois disparate, voire parfois anarchique, mais à chaque révolution populaire, en 2004, en 2014, on a vu sur la place du Maïdan, qu'il y avait une société civile très forte, qui a dit chaque fois « non, on n'admet pas ça, on refuse ça, on va changer le pouvoir en place », bref qui s'oppose à l'État.

Dans ce sens-là, le développement de la société civile, qui était plus lent au départ, mais plus en plus fort à chaque mandat, a été fantastique, formidable. Le nombre de gens qui ont créé par exemple des entreprises internationales – c'est le cas de mon frère, qui dirige aujourd'hui une entreprise d'informatique avec 2 500 programmeurs – est remarquable. Ils ont créé un premier projet avec la France justement, en 1992, et j'ai vu depuis l'ampleur de leur développement. Aujourd'hui, en matière d'informatique, l'Ukraine est, à l'image de l'Inde, l'un des pays les plus développés d'Europe. Je ne sais pas si tu as remarqué, mais à Kyiv, depuis longtemps, on paie le métro directement avec une carte de crédit. À chaque fois que j'arrive à Paris, je suis donc étonné qu'il faille à chaque fois acheter des tickets. Dans plusieurs domaines, à la Poste, dans les grands marchés, tout a été informatisé avec une longueur d'avance sur les pays leaders de l'Union européenne. C'est lié au niveau des études cybernétiques et des sciences exactes de la génération de mon père. Mais la génération suivante, celle de mon frère, a développé tout ça pour connecter Kyiv à l'Occident, à travers de multiples projets comme le système bancaire ou les médias. L'école de journalisme ukrainienne a systématiquement envoyé ses élèves dans les meilleures agences de presse du monde. Et les journalistes russes de Radio Liberté ont déménagé à Kyiv depuis longtemps, ils ont collaboré depuis dix ans de la manière la plus étroite possible avec le journalisme ukrainien, dont une représentante qui travaillait pour la célèbre radio russe a encore été tuée récemment sur le front.

Un autre facteur qui a mené à un développement très différent de la Russie est venu des Ukrainiens de la diaspora, surtout du Canada et d'Amérique, qui sont arrivés très tôt en Ukraine et ont couvert l'indépendance. Lors de l'année charnière, Kyiv était très visitée, voire habitée par des journalistes ukrainiens de Chicago, de Montréal, de Toronto, de New York, etc. Il faut aussi mentionner le rôle clé de Roman Szporluk d'Harvard et bien d'autres universités, dans l'ouverture de l'Ukraine vers l'Occident. Pour citer un autre exemple, une université catholique a été fondée à Lviv. Le président s'appelle Borys Gudziak, il a fait son doctorat en histoire à Harvard. L'université de Lviv est devenue, depuis presque trente ans un laboratoire des liens noués entre l'Occident et l'Ukraine.

Je peux aussi mentionner Igor Chevtchenko, qui était professeur à Harvard et président de la société mondiale des études byzantines. Il a été le plus grand spécialiste de l'Empire byzantin au monde. Il était né dans une famille ukrainienne de Pologne et a été l'un des premiers traducteurs au monde de *La Ferme des Animaux*, d'Orwell. Cette traduction de l'anglais en ukrainien, avant les traductions vers le français et d'autres langues, a été faite par cet Ukrainien de Pologne alors qu'il avait été déporté en camp en Allemagne pendant la guerre. Ensuite, il a travaillé à faire connaître l'Ukraine dans le monde anglo-saxon, visitant le pays dans les années 1990. C'est une figure emblématique, un très grand savant respecté par le Collège de France et par les autres universités d'Europe, et qui avait la particularité d'être Ukrainien. Quand j'ai prononcé son nom chez le directeur de la bibliothèque du Congrès, James Billington à Washington, j'ai réalisé que pour lui, Chevtchenko était parmi les plus grands.

J'ai rencontré James Billington au sommet de la Librairie du Congrès, un russisant de renom…

Toute la décennie des années 1990 a été marquée par les activités de gens comme Billington et Chevtchenko. J'ai eu la chance que Billington m'accueille chez lui après une conférence que j'avais donnée à Washington. Il m'a interrogé très attentivement sur l'Ukraine. C'était l'auteur du livre *L'Icône et le Marteau*, un titre d'une vraie actualité. L'accent est aujourd'hui hélas à nouveau sur le marteau plutôt que l'icône. Évidemment, Billington évoquait avec beaucoup de nostalgie Dimitri Likhatchev ce grand intellectuel russe de Saint-Pétersbourg aujourd'hui décédé. Mais que reste-t-il de la tradition intellectuelle de ce dernier aujourd'hui en Russie ? Elle est quasiment inexistante. Il a vraiment été laminé. L'équipe du maire de Saint-Pétersbourg, Anatoli Sobchak, constituée de libéraux qui étaient censés tout faire pour que la tradition de Likhatchev et ses projets avec Billington prévalent, a donné Poutine à la Russie, pas un homme politique qui se serait inspiré de Likhatchev. Le directeur de l'Ermitage Mikhail Piotrovski apporte d'ailleurs aujourd'hui un soutien choquant au pouvoir poutinien et à la guerre. Il a récemment donné une longue interview où il évoque plusieurs grandes expositions de l'Ermitage organisées à Paris, en les présentant comme « une opération spéciale », terme utilisé par Poutine pour désigner la guerre contre l'Ukraine. Piotrovski indique ainsi qu'il met la culture russe au service de la guerre hybride que mène Poutine contre l'Occident.

La disparition de l'option Likhatchev et le triomphe de celle de Piotrovski sont le vrai drame de la Russie. Les vrais intellectuels, qui auraient pu donner à la société russe une autre direction ont été marginalisés, oubliés. Sans doute as-tu connu aussi Youri Ryjov, président d'un Institut de physique très connu à Moscou, qui avait été député, proche d'Eltsine. On avait même envisagé de

le nommer Premier ministre avant d'en faire l'ambassadeur de Russie à Paris... Lui aussi a été marginalisé. Dans l'une de ses dernières interviews, avant de mourir, il exprimait un profond pessimisme pour l'avenir de la Russie, disant même qu'il conseillait aux jeunes générations de partir, car tout allait très mal tourner...

Ils se sont réveillés trop tard. Dans ce milieu libéral russe, on détestait les types comme Jirinovski, mais je crois qu'à de rares exceptions, l'importance du danger n'a pas été vraiment comprise. Jirinovski n'a pas été marginalisé ni écarté, et finalement, son extrémisme et son indécence sont devenus majoritaires.

C'est bien ce qui s'est passé. Au départ il n'a pas été pris au sérieux, puis il est devenu trop tard pour arrêter ce virus extrémiste. Il faut se souvenir que dès 1993, c'est lui qui fait le plus gros score à la Douma avec les communistes, si je me souviens bien.

Oui, donc l'ascension n'a pas été bloquée, il n'y a pas eu de barrage. Alors que le danger de ce discours, pour des raisons dues à l'allergie historique que nous avions développée à la tentation violente et impériale, a été bien plus vite perçu à Kyiv. Jirinovski appelait régulièrement à bombarder Kyiv et la Crimée, ce n'était pas seulement une menace xénophobe mais militaire et nous avons compris qu'il ne fallait pas le prendre à la légère.

J'étais à Moscou quand Poutine a surgi sur la scène politique, à la faveur des mystérieux attentats de Moscou contre les banlieues ouvrières russes, de la chasse aux Tchétchènes et du retour de la guerre contre la Tchétchénie. Cela a dû grandement inquiéter Kyiv !

Oui, et je crois qu'aujourd'hui, nous pouvons comprendre de manière bien plus lucide et claire pourquoi il n'y a pas eu le même aveuglement qu'en Occident. L'Ukraine a été très marquée par la Seconde Guerre mondiale, elle n'a jamais oublié toute la tragédie des « terres de sang ». Ce n'est pas pour rien que récemment, Timothy Snyder a encore publié un article dans le *New Yorker*, où il rappelle que le nombre de soldats ukrainiens tués dans la bataille contre les nazis pendant la Seconde Guerre mondiale dépasse celui des soldats français, britanniques et américains réunis. L'Ukraine a été le principal champ de bataille de la guerre sur le front Est, avec la prise de Kyiv au moment de l'invasion puis la bataille de sa libération, mais aussi la prise de Kharkiv, celle d'Odessa et de la Crimée… De plus, toute cette tragédie n'a jamais cicatrisé ou guéri, elle n'a jamais été oubliée. Il n'y a jamais eu d'amnésie, à cause des injustices commises par les Soviétiques ensuite, de la répression, et aussi à cause de la résistance en Ukraine occidentale, qui a duré jusque dans les années 1950. Cette mémoire n'a jamais refroidi, tout est encore à vif.

Or, pour être un peu indulgent à l'égard de l'Union européenne, il faut rappeler qu'elle a été dès le départ construite sur l'idée de dire non à la guerre. On a tout fait pour que la guerre entre l'Allemagne et la France, mais aussi avec d'autres pays, devienne absolument impossible. On a créé tout de suite une alliance sur le charbon et l'acier. À tous les niveaux, on a fait en sorte que la guerre soit impossible, que l'on passe du « stade chaud » au « stade froid ». On peut critiquer l'UE sur plusieurs aspects, sauf celui-là. Les fondateurs de l'Union ont vraiment fait en sorte qu'il soit inimaginable que les grands pays anciennement impériaux, l'Allemagne, la France, l'Angleterre ou l'Espagne, se fassent la guerre entre eux. C'est du jamais-vu dans l'histoire européenne. On a eu neuf décennies sans guerre entre des pays qui avaient auparavant tout le temps été en guerre. On a quitté cet univers de la guerre, on a tout fait pour l'oublier. On a hélas oublié que l'absence de la guerre n'est pas un confort illimité, mais une responsabilité réelle que nous devons tous assumer pour notre continent.

L'idée que l'Europe va vivre sans guerre a vécu

On a aussi oublié que cette paix était possible parce qu'il y avait les Américains. La guerre est bannie parce qu'il y a un parapluie de sécurité américain. Cette

délégation de la protection a permis de vivre dans l'illusion que la guerre était désormais impossible.

C'est très juste. Mais pourquoi les Américains ont-ils été si motivés pour aider l'Ukraine ? Parce que cela les ramène à leur jeunesse, que c'est leur chance de sortir d'une défaite traumatisante en Afghanistan, où ils n'ont pas réussi à défendre la démocratie et la liberté. Leur identité de grand pays démocratique les pousse à dire : « Nous avons fait le plan Marshall dans les années 1950, nous allons encore revenir à nos fondamentaux. » Mais je me demande si l'Europe n'a pas raté, elle, une occasion. Te souviens-tu de notre discussion sur la question de savoir quels pays se trouveront à la table des négociations de paix après la guerre ? À mon avis, c'est une chance pour l'Europe de pouvoir participer à la victoire actuelle, mais aussi d'éprouver une forme de fierté. L'analogie avec le plan Marshall doit s'étudier au cas par cas pour les pays occidentaux. Quel rôle l'Europe, la France, va-t-elle jouer ? Comment chacun va-t-il construire son identité narrative pour l'avenir ? La bataille en Ukraine, c'est l'avenir en train de se construire. Quel avenir va-t-on définir pour l'Europe tout entière, mais aussi pour chaque pays qui doit encore faire son analyse sociopsychologique du passé douloureux de la Seconde Guerre mondiale et des drames postcoloniaux. Comment être important, et peser, sans être impérial ? Je crois que l'une des choses clés pour l'Europe, doit être de redécouvrir qu'on ne vit plus dans un monde sans guerre. Pour l'Allemagne, c'est sans doute plus dur que pour la France. Sa décision de fournir de l'armement lourd revient à passer le Rubicon, à changer drastiquement sa vision du monde et de sa place. Il faut sortir des stéréotypes anachroniques du passé et comprendre qu'on est déjà entré dans un autre monde. Le passé pacifique de l'Europe est fini, cette grande guerre qui a éclaté en Ukraine, c'est-à-dire en Europe, est une réalité qui va jouer un rôle décisif dans la prochaine décennie, voire pour plusieurs décennies. Elle va changer l'identité européenne. Personne ne peut dire encore exactement comment cela sera redéfini. Mais je le répète, une chose est claire : l'idée que l'Europe va vivre sans guerre, idée renforcée après la disparition de l'Union soviétique, a vécu. C'est l'une des plus grandes nouveautés, qui n'est pas encore prise au sérieux par tout le monde, mais qui est en train de faire son chemin. Chaque jour de la guerre à l'Est renforce cette perception. Le discours qui affirme que « l'on n'est pas cobelligérant » revient à fermer les yeux et penser qu'on peut vivre en paix. Mais c'est une illusion. L'Europe participe à des guerres cybernétiques, des guerres de l'information, des guerres économiques. La guerre actuelle est autre, ce n'est pas seulement soldat contre soldat, c'est beaucoup plus compliqué. En voulant complètement éliminer la guerre de leur horizon, les Européens ont été contre-productifs. Car la guerre est là, et fait des morts, chez les soldats comme chez les civils. Si l'on n'avait pas été obsédés par l'idée qu'on n'était pas cobelligérants en 2008, on n'aurait pas cherché à convaincre la Géorgie qu'elle devait accepter les conditions d'un agresseur qui traitait les pays séparément, jouant sa partie en solo la France, l'Allemagne, etc. Cette erreur a été réparée en 2014, quand le Président français et le chancelier allemand ont dit qu'ils n'étaient plus séparés, et que Bruxelles était l'interlocuteur, après l'annexion de la Crimée. C'était un premier moment de réveil, et le retour à une réflexion sur la sécurité européenne. C'était le début d'une tentative d'analyse et de discernement. Je pense modestement que notre dialogue peut apporter un éclaircissement, une contribution pour faire avancer ce débat plus vite. Car la lenteur nous coûte très cher !

Tu disais récemment : « Je me demande si la chance d'agir n'est pas déjà passée. » Je comprends que du point de vue de Kyiv, c'est trop lent car chaque jour compte, mais les Européens avancent. Ce n'est pas comme si l'Europe ne faisait rien du tout, les Allemands ont annoncé qu'ils allaient cesser leur approvisionnement de pétrole aux Russes, ce qui est un revirement spectaculaire. Donc on sent qu'il y a une avancée, même si les Européens, pris dans des tiraillements et dilemmes, doutent de l'efficacité

de cette décision car ils disent que tout ce pétrole sera racheté par les Chinois.

Il le sera, mais à un prix beaucoup plus bas ! Les Russes vont être obligés de vendre le pétrole à 30 % de sa valeur, et le financement de la guerre en sera raboté. La bêtise du Kremlin nous aide, le chantage énergétique qui est imposé à la Pologne, à la Bulgarie et à l'Allemagne notamment. Il faut être plus malin qu'eux, être proactif et avancer.

C'est vrai qu'on voit les Américains se mobiliser massivement pour l'Ukraine, l'Europe va moins vite et reste plus divisée. Mais c'est aussi parce que l'Europe craint la guerre chez elle, elle est plus proche. En réalité, le bras de fer avec la Russie se joue avec les États-Unis. Les Russes regardent ce que font les Américains en premier lieu.

Tu te souviens combien la France a été marquée par la libération de Paris ? Cela a marqué toute une génération. Par exemple, l'intellectuel Nicolas Tenzer, qui a rappelé ce printemps dans une tribune consacrée au 8 mai, que c'était l'anniversaire de sa mère libérée d'Auschwitz. Nicolas est plus courageux et radical que les autres dans sa vision du conflit en Ukraine et de l'attitude à avoir vis-à-vis de la Russie, car il a vécu une expérience familiale qui oriente et éclaire ses choix. Sa mère était juive, dans la résistance en Belgique, elle est passée par Auschwitz, elle a travaillé aux États-Unis. Pour être plus courageux, plus lucide, plus clair, il faut qu'il y ait cette expérience personnelle, voire familiale incarnée. Ou il faut l'attention à l'expérience des autres, qui peut nous réveiller et prendre toute sa signification actuelle.

La France, aujourd'hui, doit vivre pleinement la libération de l'Ukraine pour pouvoir commémorer pleinement la libération de Paris. La musique de la libération de l'Ukraine doit aussi être un moment clé pour la France, pour dire qu'elle « participe de nouveau » à la libération de l'Europe. C'est une chance pour la France de revivre le moment le plus fort de sa propre libération. Je crois que c'est très important de pouvoir dire sincèrement : « C'est notre victoire, nous y participons pleinement. » Le tremplin de cette libération va être important pour l'unité de la France, si désirée, si difficile, car nous participons enfin à quelque chose d'universel et historique. Il faut tout faire pour rendre cela clair et intelligible, la participation à un combat qui actualise le meilleur de nous-mêmes, de notre propre histoire, le fait d'avoir été blessés et traumatisés par la défaite de 1940, l'occupation nazie, la collaboration et le régime de Vichy, et dire « nous sommes en train de participer à quelque chose de grand ». Il faut actualiser les meilleures données, guérir nos propres faiblesses, peurs enfouies, non-dits, et faire vraiment une thérapie historique nécessaire. Encore une fois c'est une chance, être courageux peut apporter beaucoup plus à la longue que les petites peurs des difficultés provisoires.

Nous savons tous que nous pouvons traverser des périodes de difficultés, des crises, et c'est la crise qui peut libérer l'Europe de son inertie. Par exemple, la non-perception du danger est institutionnelle, pas seulement psychologique. Elle repose sur l'idée que l'on a déjà construit notre monde à part. Mais l'accueil des Ukrainiens dans ces conditions représente quoi ? C'est justement une autre perception du pays qui défend physiquement et militairement notre liberté. Cela au moment où le Secrétaire du Conseil de sécurité russe Nikolaï Patrouchev publie une déclaration selon laquelle la Russie bombardera Kyiv et d'autres villes pour augmenter le nombre d'Ukrainiens qui émigrent et fragiliser ainsi l'Europe.

Construire un nouveau paradigme européen, sans amnésie

Honnêtement, je n'ai pas du tout le sentiment que les gens en France et ailleurs en Europe, craignent d'accueillir des réfugiés ukrainiens, pas du tout. J'ai le sentiment que le problème est ailleurs et qu'il n'est pas compris chez vous. Aujourd'hui, ce qui éloigne les Français de ce conflit, c'est qu'il y a d'autres choses auxquelles nous devons faire face urgemment et dont nous ne nous occupons pas, un

autre danger existentiel. C'est ce que je te disais au début de notre conversation, mais j'ai le sentiment que tu n'as pas complètement compris ce que je voulais te dire. Il ne faut pas oublier que malgré la paix perpétuelle que nous avions imaginée, et que tu as fort justement mentionnée, il y a eu le 11-Septembre. Et entre la chute du Mur de 1989 et le 24 février 2022, il y a eu aussi d'autres « petits 11-Septembre », les attentats de *Charlie*, le Bataclan. C'est vrai que c'est un sujet d'incompréhension entre l'Europe orientale et la France, car l'Europe orientale voit le danger russe, alors que les Français sont en première ligne pour le problème de l'islamisme qui nous vient du sud, ou de l'intérieur de nos sociétés. C'est à la fois la rencontre de mouvements extérieurs radicalisés qui peuvent venir d'Algérie, du Moyen-Orient, d'Arabie saoudite, du Golfe… et de populations à l'intérieur de la France qui, pour moult raisons, ne font plus corps avec la nation mais peuvent être tentées par l'islamisme. Il ne faut pas oublier que la France est un pays en situation post-traumatique, à cause d'une avalanche régulière d'attentats. C'est un pays confronté à une autre forme de guerre que celle que mène Poutine en Ukraine. Et toute la discussion qu'on a ici, pour savoir si l'on est en guerre ou non avec les islamistes, c'est un peu la même chose que celle dont tu parles vis-à-vis de la Russie, toutes choses étant égales d'ailleurs. En fait, tu as toute une partie de la société, plutôt à

gauche d'ailleurs, qui face à l'islamisme, dit que « nous ne sommes pas en guerre, ou que c'est notre faute », et puis il y a une autre partie des gens qui disent « il y a un problème profond et extrêmement grave, et ça ne va pas s'arrêter ». Je pense que cette question mine la France et nombre de pays d'Europe occidentale confrontés à la question du multiculturalisme. Ils sont, du coup, moins préparés à se confronter au danger poutinien qui nous arrive dans la figure. Certains, à l'extrême droite notamment, croient même voir Poutine comme un allié contre les islamistes. Ils ont tort bien sûr, ils ne comprennent pas que Poutine joue de ce thème pour les instrumentaliser. Mais c'est ainsi.

Je comprends parfaitement ce que tu veux dire. Je trouve que c'est très sérieux, très important. Déjà lors la guerre menée par Poutine en Syrie, on a bien vu sa stratégie d'envoyer plusieurs centaines de milliers, voire des millions de personnes vers l'Europe, de manière délibérée, dans l'idée de déstabiliser l'Europe sous la pression de la migration venue du sud. Et il est vrai aussi que malgré tout ce que nous avons vu dans les années précédentes, toutes les difficultés pour certains pays comme l'Allemagne d'accueillir les réfugiés de 2015, ce que fait l'Europe et en particulier la France actuellement, ainsi que la Pologne et d'autres pays, c'est du jamais-vu. On est donc très admiratifs à l'égard de cet accueil, de cet effort en faveur des Ukrainiens.

Je me suis rendu au Bataclan après l'attentat, et en signe de solidarité, j'ai accroché un ruban jaune et bleu aux couleurs de l'Ukraine à un arbre, tout près de cet endroit tragique. Dès le début de l'année 2015, en janvier, après *Charlie*, je suis venu à Paris avec le grand compositeur ukrainien Valentyn Sylvestrov (48), qui a dédié une sonate aux victimes, qu'il a lui-même jouée au Collège des Bernardins. Son geste était la marque d'une empathie et d'une solidarité très fortes. J'ai pour ma part parlé publiquement à cette occasion et j'ai mis en parallèle cette tragédie et ce qui s'était passé sur la place Maïdan en février 2014, où une centaine de personnes avaient péri, en soulignant que ce que nous avions vécu nous rendait beaucoup plus sensibles au grand malheur qui frappait Paris et la France.

Je pense que le Kremlin se trompe en pensant qu'il va déstabiliser l'Europe en augmentant le nombre de réfugiés ukrainiens. Aujourd'hui, il n'y a pas de perception négative des réfugiés ukrainiens, au contraire.

C'est vrai, et il est très important que les efforts du Kremlin n'empêchent pas de voir la vraie sociologie de ce phénomène absolument positif, bref, la vraie donne sociale et anthropologique qu'il représente. Je suis donc tout à fait d'accord avec toi. Le Kremlin se trompe en essayant de jouer sur cette migration. Bien sûr, il veut dépeupler l'Ukraine, et il veut aussi, par cette même action, fragiliser l'Union européenne. Mais j'espère que cette erreur va affaiblir son action. Pour revenir à l'argument central, c'est celui du futur que nous sommes en train de créer. L'Ukraine est poussée vers l'avenir, elle n'est pas du tout nostalgique ou passéiste. Mais il est important de comprendre comment cet avenir, à travers des générations engagées plus directement dans ce conflit, va articuler aussi l'avenir de l'Europe. C'est quelque chose de tragique et passionnant.

Le caractère de la résistance ukrainienne, son patriotisme, et la manière dont nous les aiderons, peuvent vraiment devenir une sorte de remède possible au nihilisme. Car le nihilisme guette dangereusement, cette tentation de dire : « On est incapables de s'occuper de nous-mêmes, pourquoi on doit en plus s'occuper de ça ? » Émerge une espèce de relativisme cynique qui mène à se couvrir les yeux. Il a émergé dans un certain nombre de discours politiques et intellectuels. Mais je ressens aussi une sorte d'énergie positive et une empathie face au danger véritable que pose Poutine aujourd'hui à l'Europe. Beaucoup de Français sont tout à fait horrifiés que l'on ne puisse faire plus. Ils ont le sentiment d'une impuissance décourageante.

Ce qui est à l'opposé de ce nihilisme, c'est une autre perception de la solidarité. Au moment où le lien de solidarité entre de nombreuses nations se délite, les Européens découvrent en direct qu'il y a tout près d'eux une société dans laquelle les liens de solidarité entre les personnes ne s'opposent pas à l'État, au contraire. La défense et la résistance ukrainiennes sont à tous les niveaux, dans la société, dans l'État, dans les différentes couches sociales. Pour moi, l'idée de participer de façon solidaire à la résistance est un remède puissant contre le cynisme. J'ai compris aussi que notre résistance est triple, en repensant à notre dialogue précédent. Premièrement, c'est une résistance au régime de Poutine. Deuxièmement, c'est une résistance au legs stalinien, c'est-à-dire à tout le passé staliniste qui n'a pas été jugé et bloqué. Et troisièmement, c'est une résistance au cynisme occidental et post soviétique, une résistance à l'égard du mal et de l'indifférence, ces choses qui provoquent le pire. Et cette dernière forme de résistance constitue notre expérience commune. Cette résistance au cynisme est tout à fait nécessaire, vitale, elle peut être plus évidente à l'Est, c'est-à-dire en Ukraine, mais c'est comme un vaccin. Si on voit que ce vaccin est important et salutaire en Ukraine, cela peut aider et apporter une guérison, pas seulement en Ukraine mais ailleurs à travers l'Europe en crise. Comme je l'ai déjà mentionné, j'ai pu observer cette évolution au travers des journalistes français qui sont en Ukraine. Ils ont confié à quel point leur société était divisée, atomisée, fragmentée.

Mais ils ont aussi noté à quel point leur expérience du terrain ukrainien rendait limpide le choix qui devrait être fait. En contraste avec la vie « normale » qui comporte 52 nuances de gris, ils ont été frappés par l'évidence d'une situation qui doit mener absolument, même si c'est difficile, à prendre position contre le mal. Ils ont dit que l'Europe devait être beaucoup plus attentive à ce qui se passe en Ukraine, car il s'agit d'une expérience humaine commune, vécue dans le même temps mais aussi dans le même espace historique. Je crois qu'encore une fois, le dialogue que nous menons toi et moi, est une petite contribution à ce partage, à cette ouverture, qui peut rendre accessible cette expérience Est-Ouest.

Le 9 mai, date de célébration en Russie de la victoire de 1945 est chargée pour nous tous de tas d'inquiétudes, de questions, de symboliques, de souvenirs. La Russie poutinienne en a fait l'occasion d'une affirmation de son rôle de « vainqueur » de 1945, une victoire qu'il s'agit de répéter aujourd'hui contre « l'ennemi nazi » d'Ukraine. Comment l'Ukraine voit-elle cette date du 9 mai aujourd'hui ?

Les Ukrainiens ont décidé depuis plusieurs années que le jour férié célébrant chez nous la victoire sur l'Allemagne nazie serait le 8 mai, c'est-à-dire le jour européen de la mémoire et du deuil. Jusqu'à une date récente, cette date n'existait pas dans tout l'espace postsoviétique, et reste gommée hors d'Ukraine. Mais après la révolution de Maïdan, nous avons voulu nous rattacher à la mémoire européenne de l'histoire de la guerre. On a donc changé totalement la tonalité de cette fête nationale. C'est d'ailleurs moi qui ai commandé à Valentyn Sylvestrov, grand compositeur ukrainien, une musique pour ce jour de mémoire. Et il a créé une composition, *In Memoriam*, qui est absolument fantastique. Au lieu de gommer le 8 mai, comme le font les Russes, nous exprimons l'idée que nous avons été solidaires d'une guerre qui voulait en finir avec le régime totalitaire. Célébrer le 8 mai, est, de ce point de vue pour nous, une manière de souligner que tout a commencé en 1939, pas en 1941. Pendant deux ans, nous avons vécu dans un État soviétique qui a travaillé main dans la main avec le régime nazi (à travers le pacte germano-soviétique) et a participé à l'invasion de plusieurs pays. C'est donc une tout autre perception de la mémoire, une purification, un tout autre mea culpa et une tout autre idée de la victoire.

L'Ukraine est aujourd'hui attachée à l'idée que le 9 mai est quant à lui le jour de l'Europe, et c'est notre chance à tous. C'est le seul jour de l'Europe, c'est-à-dire que c'est le jour de l'avenir, pas de notre faux orgueil de la victoire isolée. Parce que ce qui est négationniste dans la vision qu'a le Kremlin du 9 mai, c'est l'idée que c'est uniquement l'Union soviétique qui a gagné. C'est l'oubli total du débarquement de Normandie, du rôle joué par les autres. La célébration du 9 mai par le régime russe vise à dire que c'est uniquement nous qui avons gagné, et que nous allons refaire quelque chose d'analogue à cela.

Nous en Ukraine, au lieu d'isoler notre rôle, nous célébrons le 9 mai après avoir fait le deuil et le travail de mémoire avec les autres le 8 mai. Cela pose la question d'un vrai avenir commun, avec les autres. C'est aussi pour nous l'idée de ne pas être victimes des choix de la Seconde Guerre mondiale ou de la guerre actuelle. Au lieu de s'installer dans le rôle d'une victime de l'agression, on veut défendre l'idée que l'on est dans la résistance, dans la libération, et que l'on doit cultiver la mémoire des vrais héros de cette guerre, civils comme soldats, comme celle des journalistes de Radio Liberty qui ont été tués récemment à Kyiv. C'est rendant hommage à ces gens-là, que l'on avance vers l'avenir. Et l'avenir n'est pas dans la victimisation, le ressentiment ou l'amertume à l'infini. À mon avis, on ne doit pas verser dans les sentiments, mais regarder ces dates avec une perspective historique. Comprendre que le but de notre société et des autres sociétés européennes doit être d'ouvrir cette date vers un avenir commun. Le prix énorme que nous payons aujourd'hui pour préserver notre avenir nous invite à être beaucoup plus responsables dans la célébration des fêtes du passé, et plus prudents dans la manière de les articuler, plus sobres. Il faut peut-être donner plus d'espace au silence qu'au discours, ne pas être bavards ces jours-là.

Cela nous donne une chance, petite mais réelle, d'aller vers la justice et la paix, qui est ce qui nous intéresse le plus. Il nous faudra passer d'un mode de guerre à un autre mode de vie. Ce mode de vie sera différent, le paradigme européen ne sera plus dans l'amnésie d'une guerre éventuelle, pas dans l'amnésie du danger. On dit que l'Ukraine ressemble désormais à Israël, un pays qui doit tout le temps se défendre. À chaque fois que j'étais à Tel-Aviv, à Jérusalem, j'ai vu les femmes se promener avec des armes dans les espaces publics. C'était totalement étranger, exotique. Mais cela ne l'est plus du tout en Ukraine. Et cela ne doit plus l'être non plus en Europe, au moins mentalement. C'est cela qui est nouveau.

Le modèle de Poutine, c'est Munich pas 1914

Dans un récent article, l'intellectuel français Henri Guaino (49) s'est livré à une comparaison trompeuse entre l'attitude de l'Occident face au conflit d'Ukraine et son glissement dans la guerre mondiale en 1914, prétendant que nous allions à nouveau comme des somnambules vers une guerre dont nous ne voulons pas. Une manière de

nous inciter à céder du terrain à Poutine. Tu t'en es indigné publiquement.

Il ne faut pas laisser la peur s'emparer de l'espace public par de fausses analogies. En 1914, Hitler n'occupait pas encore la scène internationale. Les nains soviétiques n'étaient pas encore juchés sur les épaules de l'État totalitaire. La Première Guerre mondiale a éclaté pour une raison historique de toute autre nature. Ces dernières années, le Kremlin a déclaré à de nombreuses reprises qu'il pensait selon les catégories de la fin des années 1930. Son modèle, c'est Munich, c'est l'annexion de la Tchécoslovaquie, de l'Autriche et de la Pologne par Hitler.

Ceux qui se sont alors opposés à l'agression nazie n'étaient pas des somnambules, ils savaient pour la liberté de qui ils combattaient. Après la chute de la ligne Maginot, ils sont entrés dans la Résistance. C'étaient des gens sortis du métro de Paris et de Londres ; ils ne sont pas dans le passé mais parmi nous. Il y a quelque temps, un de mes collègues de l'université a écrit sur Facebook qu'il avait achevé sa préparation militaire, embrassé ses proches et partait pour le front. Je me suis imaginé avec quels yeux il aurait lu ce titre d'un journal parisien : « Nous allons à la guerre comme des somnambules » ! Il est parti pour le front l'esprit clair pour nous défendre toi et moi. Et pour défendre la liberté de ces lâches parleurs qui ne veulent pas y penser. Eux, ils ne vont nulle part et se contentent de recourir à de fausses images pour justifier leur peur. Il vaudrait mieux qu'ils veillent à ce que leur érudition les protège des fausses analogies, qu'ils dirigent leur regard vers ceux qui sont dignes d'attention et dont le courage nous est aujourd'hui aussi indispensable que l'air que nous respirons. La mégabombe agitée pour nous faire peur n'est pas un argument, et le mégamensonge ne pèse rien. C'est sur ce point que commence la résistance et qu'elle renverse les porteurs des « bombes » des fausses informations. S'il s'agit de se prendre en main, je peux comprendre intellectuellement ce que craignent certains commentateurs français de cette guerre. La mégabombe que l'armée russe a lancée sur la maternité de Marioupol ne quitte pas notre esprit. Il est monstrueux, ce mal qu'on lâche sur des nouveau-nés et des femmes enceintes, et cette première onde de choc a recouvert notre conscience. Mais vient une deuxième onde : la difficile prise de conscience du fait que rien n'a arrêté celui qui a donné l'ordre et a lancé la bombe. Nos ennemis sont prêts à lancer n'importe quelle bombe sur nous. C'est effrayant ? Eh oui ! Mais comme chacun sait, la peur est mauvaise conseillère. Alors pourquoi écouter les mauvais conseillers ? À quoi bon diffuser leurs fausses analyses ? Mieux vaut se taire, et, je le répète, écouter ceux qui, en cette heure, ont la force de s'opposer à la peur et à l'agression. Mieux vaut s'opposer au mensonge et réellement peser sur ceux qui ne comprennent que le langage de la force.

Lettre à Tocqueville et Philosophie du commissaire Maigret

Dans une récente allocution aux Conversations Tocqueville, tu as souligné l'importance de Tocqueville dans tout ton parcours intellectuel et tu as décidé de t'adresser à lui épistolairement, pour t'étonner et t'indigner aussi d'une sorte de renversement ahurissant de perspective, qui a mené le chef de l'État français à se préoccuper de ne pas humilier la Russie alors même que le chef du Kremlin massacrait la nation d'Ukraine.

En choisissant cette forme épistolaire et cet interlocuteur (50), j'ai voulu mettre de la clarté dans une situation qui était devenue absurde. Comment peut-on dans l'espace public français en venir à cette acrobatie étrange mettant sur le même plan la personne violée et l'agresseur ? Que dit-on alors aux parents et amis des victimes ? Ne voit-on pas que, ce faisant, on normalise une pratique monstrueuse ? À juste titre, la France est fière de son école anthropologique, mais remarque-t-on qu'ici, on a quelque chose de contraire à la nature humaine ?

Je suis évidemment d'accord avec toi et attristée de cette position française, qui était incompréhensible et va affaiblir nos positions diplomatiques pour l'avenir, notamment en Europe centrale et orientale. Depuis, le président s'est repris. Il faut se souvenir qu'il y a heureusement aussi en France un débat contradictoire. Beaucoup d'observateurs gardent les yeux ouverts comme notamment ces journalistes dont tu parlais à l'instant.

Effectivement, les journalistes français ont de très bons prédécesseurs, des experts qui de longue date, recherchent la vérité et arrivent à déchiffrer les crimes soigneusement cachés. Depuis très longtemps, j'admire l'action philosophique du commissaire Maigret ! On n'a pas l'habitude de classer Simenon parmi les grands écrivains philosophiques, or, aujourd'hui, à l'échelle nationale et internationale, nous avons précisément grand besoin de nouveaux Maigret capables de mettre ensemble une intelligence, une perspicacité professionnelle, et le courage de mettre en pratique des convictions fortes. Cela va bien au-delà de la révélation de petits escrocs démasqués et punis, c'est l'idée même de la justice.

Il faut d'ailleurs savoir que Georges Simenon est allé à Odessa au début de la période soviétique (51), où il a fait plusieurs reportages journalistiques sur la famine organisée par Staline au sud de l'Ukraine. Quand il s'est rendu à Odessa, il a su se débarrasser de l'espionne qui lui servait de traductrice, pour aller au marché et comprendre les racines de la famine organisée par Staline et le fonctionnement du NKVD qui pratiquait l'empoisonnement systématique. Il a été le premier à mettre le doigt, comme son commissaire Maigret, sur ce qu'allait devenir le stalinisme. Il a aussi décrit dans son roman *Les gens d'en face*, le fonctionnement des services spéciaux staliniens NKVD, et la manière dont ils instrumentalisaient ou éliminaient à l'aide de poisons les diplomates étrangers. C'est bien qu'il y a dans votre culture l'antidote intellectuel à la tentation de se laisser instrumentaliser et de fermer les yeux sur une réalité inacceptable. Il faut parfois aller chercher chez des auteurs un peu oubliés le remède dont nous avons besoin en temps de crise.

Cette allusion au commissaire Maigret est pour moi inattendue et intrigante dans ce contexte, je ne connaissais pas son travail en Ukraine ! La question de la clarté de vision et du courage est capitale pour l'issue de cette grande bataille que nous devons mener ensemble. Simenon et nos meilleurs esprits nous ramènent aux fondamentaux : notre devoir de vérité, de courage et d'humanité.

CONCLUSION

QUI NOUS AIDE À NE PAS BAISSER LES BRAS ?

Depuis plus de trente ans, le contact avec la France, avec sa pensée et sa culture, ainsi que la fréquentation de nos amis français, joue un grand rôle dans ma vie et dans celle de tout notre entourage à Kyiv. Le présent ouvrage témoigne d'une étape nouvelle et importante de cette relation, à l'heure d'une épreuve sans précédent, et la gratitude aide à toucher du doigt des ressources de vie invisibles. Mes interlocuteurs français disent souvent que l'Europe manque de confiance en elle ; or, je me souviens très bien du scepticisme avec lequel nous-mêmes considérions notre société à la veille de cet étonnant jaillissement d'énergie que fut, lors de l'hiver 2013-2014, la révolution de Maïdan. L'expérience profonde que j'ai de l'interaction entre nos deux sociétés me permet d'attester qu'il y a dans la pensée et l'art de vivre français des réalités qui, en dépit d'un scepticisme extrême, donnent confiance. Peut-être ce livre aidera-t-il le lecteur à prendre conscience de tout ce que signifie la France pour notre pays et de ce que nous entrevoyons pour l'avenir.

En février 2022, bien des gens en Occident étaient persuadés que les forces étaient trop inégales et que Kyiv n'avait aucune chance de rendre au gros ours la monnaie de sa pièce. Mais les Ukrainiens ne savaient pas que c'était impossible, et *ils l'ont fait.*

Qui sont-ils donc ? D'où leur est venue cette énergie incroyable qui, semblait-il, n'appartenait plus qu'aux mythes d'Hercule ou d'Astérix ? D'où sont-ils sortis et que se permettent-ils ?

Cet étonnement ressortait des questions que posaient les journalistes des chaînes de télévision occidentales qui, après le 24 février, me téléphonaient pour toutes sortes d'interviews et voulaient comprendre « ce qui se passe là-bas chez vous à Kyiv ».

C'est une autre note que j'ai perçue dans les questions de Laure Mandeville qui, à la mi-mars, m'a demandé pour *Le Figaro* quel était « le secret du trésor ukrainien ». Elle voulait savoir s'il allait réveiller l'Europe. C'est effectivement la question fondamentale. Le tyran du Kremlin nie même qu'il y ait un sens à la poser.

Selon les mots du Marquis de Custine : « La Russie voit dans l'Europe une proie qui lui sera livrée tôt ou tard par nos dissensions. Elle fomente chez nous l'anarchie dans l'espoir de profiter d'une corruption, favorisée par elle, parce qu'elle est favorable à ses vues (52). » À Paris, pour toutes sortes de raisons, on ne veut pas prendre au sérieux cette idée. Or, « tout divisé et malade qu'il soit, l'Occident qui somnolait a lui aussi fini par comprendre l'enjeu de cette gigantesque partie, et battu le rappel des troupes pour afficher son unité avec l'Ukraine ». La prise de conscience de la nécessité, pour l'Europe, de voir naître cette nouvelle solidarité dont parle ici Laure Mandeville est un facteur décisif. Pèsera-t-il avec force et en profondeur sur notre avenir ? Les Français se contenteront-ils d'arrêter leur attention sur le style aphoristique de Laure Mandeville en replaçant ses pensées dans le contexte issu du courant de Custine ? Ou bien assistons-nous à un changement de paradigme culturel et voyons-nous Paris se libérer de sa dépendance mentale habituelle, comme Berlin s'est libéré de sa dépendance énergétique par rapport à Gazprom et des manipulations de celui-ci ?

Quand les Russes ont commencé à bombarder Kyiv le 24 février, nous étions jour et nuit angoissés par le danger qui venait du nord-est. Mais on s'habitue même au hurlement des sirènes.

Aujourd'hui, les nouvelles qui nous viennent d'Occident alarment non point notre corps mais notre esprit…

Je n'ose pas aller jusqu'à penser que le rejet du sens commun l'emportera dans vos débats politiques. Je soulignerai seulement une tendance à l'aveuglement chez ceux qui se laissent abuser par le mensonge du tyran sur « les valeurs traditionnelles ».

Pourquoi Poutine sous-estime-t-il tant les Occidentaux de manière générale et les Ukrainiens en particulier ? Le mépris absolument cynique dans lequel il tient les Européens lui joue ici un mauvais tour. Se trompe-t-il dans ses pires suppositions sur la réalité de nos sociétés ? Ou bien s'efforce-t-il de mutiler la réalité pour l'abaisser jusqu'à ses schémas monstrueux ? Les pratiques propres au KGB soviétique sont actuellement les leviers qu'utilise ce pouvoir criminel : chantage à la famine, au froid et au désert nucléaire. C'est en Europe qu'il cherche le maillon faible de notre résistance. Le trouvera-t-il et réussira-t-il ainsi à rompre la chaîne de notre solidarité ? Il ne s'agit pas seulement pour lui d'étourdir les « naïves démocraties », de les diviser et de semer entre elles la discorde. Menacer les Européens du froid et de l'appauvrissement ne suffit pas. Comme ils n'ont pas encore assez de *haine de soi*, on va leur montrer que leurs calculs mesquins importent davantage à leurs yeux que les massacres de Boutcha et de Marioupol *pour qu'ils se détestent encore plus*. Et qu'ils rendent responsables de leur *honteuse bassesse* leurs propres responsables politiques (et pas ceux du Kremlin).

Le tyran considère les autres comme des idiots et fait tout pour les décerveler. Il s'emploie à prendre dans les rets de la corruption, du chantage et du mensonge quiconque continue d'appeler le noir « noir » et « crime » le meurtre de civils.

Par les bombes et les roquettes, les poutiniens coupent la lumière dans les villes d'Ukraine peuplées de millions d'habitants, qu'ils plongent ainsi dans le noir. L'idéologie du poutinisme se résume à ceci : les discussions sur le déclin de l'Occident n'ont que trop duré. Que la nuit tombe ! Ils installent « l'âge des ténèbres » dans nos ordinateurs, nos téléphones et nos têtes. Le mensonge total menace l'Europe de la « catastrophe anthropologique » où le régime russe a déjà précipité sa propre population. L'acceptation de la servitude est en hausse. On voit des gens se mutiler la main ou le pied pour ne pas être enrôlés dans l'armée de Poutine. La protestation est amputée. Le mutilé enfonce dans ses os et sa chair la peur animale qui le mutilera davantage encore. Autocensure et automutilation : tel est le modèle que le tyran a imposé à ses concitoyens et qu'il entend nous imposer à tous.

La *servitude volontaire* (aggravée par les technologies du XXIe siècle) est la « proposition commerciale » que nous fait notre ennemi commun. Ne perdons pas notre temps en hypothèses pessimistes sur le nombre de collabos en cas d'occupation de votre ville. Il est beaucoup plus intéressant de vous demander si vous connaissez personnellement des gens qui ne répondront jamais à cette ignoble « proposition ».

Le moment est venu de regarder ces gens de plus près.

Dans ce livre, nous avons présenté les facteurs historiques qui permettent d'avoir une idée plus précise des sources de la résistance ukrainienne d'aujourd'hui. Son audace et sa puissance continuent d'étonner. Les réponses absolument fondamentales que nous apportons à la question du « pourquoi » renforcent plutôt qu'elles ne diminuent cet étonnement.

Ce que la situation actuelle a de neuf s'explique par la question « *pour qui ?* ».

Jour après jour, nous voyons des gens risquer leur vie et la donner pour être eux-mêmes. Pour, sur ce point essentiel, venir en aide aux autres, c'est-à-dire vous et nous. Toi et moi. Pour ta liberté et la mienne.

La réponse est : agir.

Qui, en ce moment même, endure pour nous les épreuves les plus pénibles ? La douleur et la colère ne nous ont pas embrouillé la raison. Au cours de ces jours d'affliction et d'obscurité, nous avons soudain, à notre plus grand étonnement, perçu ce qui était plus fort que les forces du mal. Plus précisément, nous avons vu les visages de personnes jusque-là inconnues qui nous ouvraient l'esprit sur la question fondamentale de savoir *grâce à qui nous sommes vivants et libres.* Pas seulement au sens que l'on ne nous a pas tués. Mais parce que grâce à eux, nous pouvons parler et agir comme des êtres vivants et libres. Comme des êtres humains.

Aux premiers jours des bombardements de Kyiv, Kharkiv, Odessa et d'autres villes d'Ukraine, il pouvait sembler que la forme de la réponse à cette question distinguait les Ukrainiens des autres Européens, mais il s'avéra que non. Les premières semaines de la bataille de Kyiv ont vu les journalistes de divers pays du monde changer de ton et de point de vue lors de nos conversations, tant cette question les touchait. Certains ont donné leur vie pour y répondre. Les visages de ceux qui accompagnent pour leur dernier voyage amis, concitoyens ou soldats apportent à cette question une réponse inimitable.

Une vague historique nouvelle de significations fortes comme une brûlure ou une poignée de main a envahi notre être intérieur. Elle a pour nom « gratitude ». Cet état de gratitude a été déterminant pour les évènements visibles ou imperceptibles de la vie de millions de gens au seuil de cette époque nouvelle. Auparavant, ce mot pouvait s'entendre lors d'une conversation ou se traduire par un geste parmi d'autres. Mais maintenant, il a pour axe une question. Telle une écharde dans la chair, il fait mal et empêche la conscience de dormir comme d'habitude. Tout a changé car nous comprenons désormais clairement que c'est grâce à autrui que nous pouvons parler, écrire et nous réveiller le matin par un « bonjour ». C'est devenu la condition *sine qua non* de notre existence. On a voulu nous précipiter dans un abîme de désespoir et de haine, mais ce qui a plus que jamais empli notre vie, c'est la gratitude.

Affirmer que nous ne sommes pas venus sur terre tout seuls mais grâce à quelqu'un, ne sonne donc désormais plus comme un truisme. Un fait profondément oublié est devenu aujourd'hui incontournable : c'est que nous éprouvons fortement le sentiment neuf de vivre non pas chacun dans son coin, mais à l'arrière du front, derrière les épaules de ceux qui nous défendent. C'est un peu naître à nouveau que de sentir clairement que l'on est dans le réseau de la vie-grâce-à-autrui.

Ce qui a aussi puissamment contribué à prendre conscience de cette façon de vivre, c'est l'hospitalité accordée aux millions de réfugiés dans toute l'Europe et dans le monde. Il s'agit aussi de l'hospitalité en Ukraine même, dans la mesure où, après l'annexion de la Crimée et le début de la guerre dans le Donbass au printemps 2014, des millions de réfugiés ont trouvé asile auprès de leurs compatriotes. Je reste lié à cette expérience par mon travail au sein de l'association « Les Enfants de l'espérance » et le cercle des amis des éditions *Dukh i litera* de Kyiv.

La parole-grâce-à-autrui a aussi été un élément vital de notre vie intérieure pendant les jours de guerre. Nous serions devenus complètement fous et aurions perdu le don de la parole si, à l'heure de l'épreuve, nous n'avions trouvé de véritables interlocuteurs. Exigeants, intelligents, persévérants, infatigables. La conversation avec ces personnes a une signification anthropologique toute spéciale en temps de guerre. C'est pourquoi il est pour nous important, aujourd'hui plus que jamais, de pouvoir parler *de ce à quoi nous tenons, et pour quoi nous tenons.*

La guerre fait tout pour séparer le plus loin et le plus longtemps possible les membres d'une famille. En cela, la nôtre partage le sort de la grande majorité des familles ukrainiennes. Mais nous sommes devenus plus proches les uns des autres par chaque mot, chaque pause et chaque geste, par l'attente ardente d'une grande rencontre de tous sous le signe de ce mot mystique de « victoire ». Je dédie ce livre à ceux et celles qui seront là pour cette rencontre, ainsi qu'à notre cheminement commun vers ce but. Le présent ouvrage veut être *la forme incarnée de cette gratitude* qui s'oppose à des temps de folie furieuse.

Mon manuscrit compterait bien plus de pages si je voulais nommer ici tous ceux qui nous ont soutenus, qui nous ont téléphoné, qui ont écrit et prié, qui ont montré, d'un geste aussi indispensable que le pain et le vin, qu'ils comprenaient très bien que nous étions, en cet instant de l'histoire, d'exacts *contemporains.* Vous entendrez les voix et les pensées d'amis dans les passages les plus intéressants et entre les lignes. L'accordage des instruments de notre orchestre se poursuivra jusqu'au signal très attendu que donnera l'archet pour notre nouvelle rencontre. En union avec nos lecteurs, nous nous opposons à la folie de ceux qui, aujourd'hui, détruisent les bibliothèques, brûlent les livres et obligent les enfants à descendre dans le métro pour suivre leurs cours à l'école.

Au sens propre, ce livre doit tout à Laure Mandeville : depuis l'initiative, en mars, de la première interview et le travail sur toutes les notes prises lors de nos conversations, jusqu'au déchiffrage et à la transformation du chaos que semaient dans mon français parlé les coupures des liaisons Internet en un cosmos ordonné lisible à Paris. Nous avons abordé les thèmes les plus variés et les nœuds gordiens de l'incompréhension, nous avons honnêtement décrit les lacunes à combler pour que l'Ukraine trouve sa place sur les cartes mentales des Européens. L'agression féroce dont ont été victimes ma ville et mon pays rendait impossible de recourir au style habituel des conférences savantes. Tous les thèmes abordés ici ne le sont pas à travers un « nous » universitaire mais par le prisme du témoignage personnel : « C'est ma position, autrement ne saurais. » Bien sûr, toutes les erreurs et imprécisions sont de mon fait. Pour corriger et compléter, il faudra un autre livre après la guerre (si l'on en a le temps).

Mon ami Bernard Marchadier m'a beaucoup aidé dans ce travail. Fin connaisseur des œuvres qu'à travers les siècles nous ont laissées les penseurs slaves, excellent traducteur et penseur original, il rappelle depuis des décennies aux Français, avec la fermeté du héros antique et le sourire du Parisien, que « la Carthage de notre ignorance de l'Ukraine doit être vaincue ». Pareille approche dynamique mérite d'être imitée.

À l'aube de cette ère nouvelle de la gratitude, je voudrais mentionner deux institutions. La première est l'université nationale Académie Mohyla de Kyiv, où j'ai l'honneur d'enseigner depuis trente années la philosophie et qui, en dépit de la guerre, traverse avec de nouveaux étudiants le cinquième siècle de son histoire. Et puis les Rencontres philosophiques de Monaco, ce réseau de penseurs qui ne se ressemblent pas et pour qui « la solidarité des ébranlés » est une incitation claire à agir. Et à engager avec la société un débat ouvert sur les questions actuelles souvent laissées hors des cadres universitaires. La guerre serait-elle le « point aveugle » de la philosophie, la condamnant à ne parler que de ce qui la précède ou la suit, ou sera-t-elle au contraire le « foyer » brûlant où se concentrent tous ses problèmes – de morale, d'immoralité, de paix sociale, d'État, de violence, de mort, de responsabilité, de prix d'une vie ?

Pour des pays en paix, les situations liées à la guerre actuelle ne peuvent être associées à la gratitude que sous la forme d'un étrange paradoxe. Comme signe de l'intelligibilité de cette thèse de philosophie pratique, j'évoquerai un exemple concret.

Pendant tout le printemps, nous nous sommes réveillés chaque matin en nous interrogeant sur le combat inégal que menaient les défenseurs assiégés de Marioupol et sur le sort des « Spartiates » des catacombes de l'usine Azovstal. Sous des bombardements monstrueux et des déluges de feu ils ont tenu 82 jours et 82 nuits. Grâce aux clichés photographiques dignes de Georges de La Tour qu'a pris Dmytro Kozatsky, le monde entier a pu voir les portraits meurtris et souriants des défenseurs de Marioupol. Avec eux nous vivons autrement. C'est avec eux que l'Ukraine et l'Europe doivent continuer de vivre. J'ai demandé à l'auteur une de ses étonnantes photos pour la couverture du présent livre.

Dmytro Kozatsky a été détenu en prison plus de trois mois, privé d'eau pendant de nombreux jours, et c'est un Dmytro très amaigri qui a été libéré le 21 septembre. Comment lui dire combien nous lui sommes reconnaissants d'avoir accepté que nous publiions un témoignage si fort et si lumineux sur l'être humain ? La photo condense et cache, dans l'obscurité des murs de béton des sous-sols d'Azovstal, la durée des interminables journées et nuits de combat, mais on n'en voit qu'un instant. Une épiphanie instantanée d'union du courage et de la liberté. Le moment unique, le *kairos*, où se révèle soudain en l'homme un principe invincible. L'homme se relève malgré l'horreur et le hurlement des lourdes bombes qui lui tombent dessus, malgré le poids des forces du mal qui visent à l'abaisser et à le détruire. Dans l'obscurité et le désespoir, *qu'est-ce qui l'aide à ne pas baisser les bras* ?

Ce rayon de lumière soudain apparu par le trou qu'une bombe a percé ? Ou bien ce vers écrit comme pour lui par le génial prisonnier de la Kolyma, le grand poète Vasyl Stus (53), sur l'instant où aucun mur du camp ne peut plus empêcher l'incroyable sensation d'avoir des ailes ? Il y a, caché en l'homme, quelque chose d'invincible, tout éloigné qu'il soit de la victoire.

Son histoire demeure, le passé a quand même, à sa façon, un sens, mais ce n'est pas lui qui détermine le choix personnel qui est fait *hic et nunc*. Le vécu mène seulement à cette éclaircie où l'un reculera d'effroi et l'autre verra une chance de se lancer vers la liberté. C'est le moment unique où, de l'obscurité de l'impossible, surgit le possible qui, sous nos yeux, vient à notre rencontre. C'est ce que suggère la métaphore de Stephen King : « Poutine pensait avoir affaire à un chien de poche et il s'est aperçu que c'était un molosse. » C'est une expérience que tous, y compris les chiens de poche, devraient mieux connaître. Seul l'aveugle ne voit pas la puissance du molosse dans les témoignages qui nous viennent de la Kolyma et de Marioupol.

Nous ne pouvons pas éluder la question de savoir au nom de quoi se sacrifient les meilleurs d'entre nous. Ceux que cette question concerne sont immédiatement reconnaissables. La réponse qui y est apportée va plus profond que les préférences politiques ou les différences d'âge et d'éducation. On reconnaît immédiatement celui qui porte en lui cette question et qui y répond de tout son être. Sont-ce là les visages de l'Europe future ? (54)

Permettez-moi de conclure par un vœu. Il ne faut pas que les barbares qui attaquent Kyiv lèvent la main sur la cathédrale Saint-Sophie, sur les mosaïques du XIe siècle qui forment une composition unique issue d'Athènes, de Jérusalem et de la Nouvelle Rome. Dans les bras levés de l'Orante en prière, les maîtres constantinopolitains nous ont donné, il y a mille ans, un leitmotiv. Il sera indispensable à la future Europe, actuellement à un tournant tragique de son histoire.

Ce geste de Marie est celui de Moïse, qui levait les bras afin qu'Israël ne perde pas la bataille contre les Amalécites ; Aaron et Hur l'aidaient à les tenir en l'air. Les bras fatiguent, on veut s'asseoir, mais il faut tenir car des choses fondamentales sont en train de se décider. Mais de quelle fatigue peut-on parler si (en dehors des symboles bibliques que je viens d'évoquer) le geste de notre jeune contemporain reprend spontanément celui de Moïse ?

Revenons à la photo de la couverture : à quoi fait penser ce soudain mouvement des bras ?

C'est un privilège historique que de pouvoir prendre part aujourd'hui à la création d'un monde nouveau et un peu plus humain ; c'est aussi pour les Européens une énorme responsabilité. Finalement, c'est à nos sociétés que s'adresse cette question simple que posait ce sage que Martin Buber aimait tant et qui vivait il y a quelques siècles dans la ville d'Ouman en Ukraine : « *Si tu ne te prépares pas à être meilleur demain, à quoi te servira demain ?* »

NOTES

Conversation 1

(1) Cette discussion a commencé par une interview publiée au début de la guerre dans *Le Figaro*. Voir « Le trésor de la résistance ukrainienne doit réveiller l'Europe », *Le Figaro*, 23/03/2022. Nous avons ensuite poursuivi le dialogue sur suggestion de notre éditeur Emmanuel Laureau, auquel nous sommes reconnaissants d'avoir conçu ce projet de conversations au cœur du conflit.

(2) Les 29 et 30 septembre 1941, 33 771 Juifs soviétiques sont assassinés par les nazis aux abords du ravin de Babi Yar, à Kyiv, marquant l'anéantissement de la population juive de la ville. Si Auschwitz désigne à l'Ouest le symbole de la Shoah pour les Occidentaux, Babi Yar est à l'Est le symbole de la Shoah par balles et de l'extermination des Juifs soviétiques. Environ 22 000 personnes ont péri en moins de 12 heures, et presque 34 000 en 36 heures.

(3) Le dissident russe Vladimir Boukovski a raconté ses efforts auprès de Boris Eltsine pour organiser ce procès du

communisme, et les raisons de l'échec de cette tentative malgré l'intérêt du Président russe, dans son livre *Jugement à Moscou, un dissident dans les archives*, Robert Laffont, 1995.

(4) Célèbre journaliste russe de la *Novaïa Gazeta*, Anna Politkovskaïa avait dénoncé dans ses articles et plusieurs livres, les crimes et les dangers de la guerre de Tchétchénie, qui condamnait selon elle la Russie à retourner à sa tradition d'arbitraire. Elle fut assassinée le 7 octobre 2006, jour de l'anniversaire de Vladimir Poutine. Voir notamment Anna Politkovskaïa, *Tchétchénie, le déshonneur russe*, Buchet-Chastel, 2003, rééd. Gallimard, coll. Folio Documents n° 24, 2005 ; et Anna Politkovskaïa, *Qu'ai-je fait ?*, Buchet-Chastel, 2008.

(5) Igor Kozlovsky, 67 ans, est un historien et théologien ukrainien, membre de l'Institut de philosophie Grigori Skovoroda de l'Académie des sciences d'Ukraine. Le 27 janvier 2016, il est capturé par des milices de la République séparatiste du Donbass, qui le jettent en prison et le soumettent à la torture pendant presque deux ans. Il sera relâché le 27 décembre 2017. Il vit aujourd'hui à Kyiv.

Conversation 2

(6) En 2004, indignés par des fraudes électorales massives destinées à empêcher l'élection du candidat d'opposition Viktor Iouchtchenko et permettre au Premier ministre propoutinien Viktor Yanoukovitch de rester aux

affaires, des millions de citoyens ukrainiens descendent dans la rue, brandissant des écharpes de couleur orange pour défendre leur droit de vote. C'est le début de la révolution orange qui forcera la Cour suprême à revoir le résultat de l'élection et décréter Iouchtchenko gagnant. Une étape décisive dans la naissance de la société civile ukrainienne. L'épisode marque aussi une défaite cinglante pour Vladimir Poutine qui avait mis tout son pouvoir de persuasion derrière Yanoukovitch, pensant maintenir à Kyiv une équipe à sa main. Un affront qu'il tente aujourd'hui de laver dans la guerre qu'il a déclarée à l'Ukraine.

(7) Sergueï Averintsev, 1937-2004. Ce grand intellectuel chrétien était spécialiste de littérature antique et de poésie byzantine. Membre de l'Institut Maxime Gorki, puis de l'Académie des sciences, il passe toute la période soviétique à défendre, contre vents et marées, la pensée chrétienne dans le Saint des Saints de l'athéisme officiel, puis devient une grande figure du monde intellectuel de l'après-communisme, enseignant notamment à l'Institut d'Histoire de l'université Lomonossov, où les étudiants se pressaient pour l'entendre. Il est notamment l'auteur de *La Sagesse et ses formes*, Ad Solem, Genève, 2011. Son œuvre principale en quatre volumes a été publiée à Kyiv par les éditions Dukh i Litera.

(8) Jozef Brodsky, 1940-1996, célèbre poète russe expulsé d'URSS en 1972, s'est installé aux États-Unis. Il a obtenu

le prix Nobel de littérature en 1987. Son poème à propos de l'indépendance de l'Ukraine est un texte controversé écrit au début des années 1990, à l'occasion de la déclaration d'indépendance de l'Ukraine de 1991 et de la dissolution de l'URSS. Il y exprime avec colère et amertume la brèche apparue entre Russes et Ukrainiens, affirmant dans les derniers vers du poème que les Ukrainiens indépendantistes abandonneront sur leur lit de mort leur amour du poète national ukrainien Taras Chevtchenko pour embrasser Alexandre Pouchkine. « Souvenez-vous juste, quand viendra pour vous le temps de mourir, cœurs courageux, quand vous gratterez votre matelas et souffrirez vraiment, vous oublierez Taras pour murmurer les vers d'Alexandre. » Le poème ne fut jamais officiellement publié mais fut lu à haute voix par l'auteur lors de plusieurs réunions publiques.

(9) Jozef Zissels, né en 1946, est un dissident ukrainien juif, militant des droits de l'Homme. Il a occupé des fonctions importantes dans plusieurs organisations juives ukrainiennes. Il a été membre du groupe ukrainien d'Helsinki et a participé activement au mouvement du samizdat pendant la période soviétique. Il est condamné par deux fois, en 1978, puis en 1984, à trois ans de prison dans une colonie pénitentiaire de haute sécurité pour « discrédit de l'État soviétique » et « activités sionistes ».

(10) Paul Celan (1920-1970). À l'origine Paul Pessach Antschel, Paul Celan est né le 23 novembre 1920 à

Tchernovtsy, en Bucovine, une région alors roumaine aujourd'hui située en Ukraine. Poète et traducteur juif ukrainien de langue allemande, il est naturalisé français en 1955. Auteur d'une œuvre absolument novatrice, il est souvent considéré comme le plus grand poète de langue allemande de l'après-guerre.

(11) Constantin Sigov fait allusion au livre de Svetlana Alexievitch, *La Fin de l'Homme rouge*, Actes Sud, 2013. Il évoque des conversations privées où elle lui a expliqué rester un *Homo sovieticus*.

(12) L'expression « *Homo sovieticus* » est employée pour la première fois par le philosophe soviétique Alexandre Zinoviev, qui décrit, dans une critique féroce du communisme, l'émergence de cet « homme nouveau » vivant dans la médiocrité et l'envie, à l'abri d'un État totalitaire tout-puissant, envahissant et infantilisant. Alexandre Zinoviev, *Homo sovieticus*, L'Âge d'Homme, 1982. Dans les dernières années de sa vie, Zinoviev défendait l'idée que cet *Homo sovieticus* avait triomphé malgré la fin du communisme à laquelle il avait survécu. Il avait fini par le défendre par désillusion à l'encontre de l'Occident.

(13) Jozef Slipyj (1892-1984). Jozef Slipyj, Ukrainien de Galicie, a été primat de l'Église gréco-catholique ukrainienne de 1944 à 1984. Son destin a été aussi tourmenté et extraordinaire que celui de son pays. Quand l'Ukraine polonaise est annexée par l'URSS à la fin de la Seconde Guerre

mondiale, il est arrêté par le NKVD et condamné à 8 ans de goulag. Le pape Pie XII l'ayant nommé cardinal malgré son incarcération, il est condamné à 7 ans supplémentaires et ne sortira de camp qu'en 1963 après l'intercession du pape Jean XXIII. Il se rendra alors à Rome où son élévation au cardinalat sera enfin révélée au grand jour.

(14) Dmytro Tchijevski (1894-1977). Tchijevski est un écrivain ukrainien, slaviste et historien de la philosophie et de la littérature. Il a enseigné à Prague puis à Heidelberg, où il a terminé sa vie.

(15) La déclaration du parlement est adoptée en septembre 2019, à l'occasion de l'anniversaire du Pacte Molotov Ribbentrop de 1939. https://www.europarl.europa.eu/doceo/document/TA-9-20190021_FR.htlm. Une résolution de l'Assemblée parlementaire du Conseil de l'Europe datée de jeudi 13 octobre vient lui faire spectaculairement écho en proclamant que les États doivent désigner la Russie comme État terroriste.

Conversation 3

(16) Le récit de ces journées en terre zaporogue a été publié dans *Le Figaro*. Laure Mandeville, « L'Ukraine n'est pas morte », novembre 1990.

(17) Vassili Grossman et Ilia Erhenbourg, *Livre noir, sur l'extermination des Juifs en URSS et en Pologne, 1941-1945*, Actes Sud, 1999.

(18) Myroslav Popovych, (1930-2018). Historien et philosophe, directeur de l'Institut de philosophie de Kyiv, Myroslav Popovych était l'une des personnalités intellectuelles phares de l'intelligentsia ukrainienne jusqu'à sa mort.

(19) La sitch zaporogue est détruite par les armées russes pour la première fois en 1709, afin de briser net les velléités d'indépendance de cette institution. Les cosaques zaporogues sont alors forcés de migrer plus au sud, sur la partie du Dniepr qui appartient au Khan de Crimée. En 1734, ils obtiennent la permission de revenir à la sitch, après avoir pris position pour les cosaques russes dans leur conflit avec les Tatars. Mais en 1775, ils sont à nouveau anéantis sur ordre de Catherine II, par l'armée du général Tékéli. Malgré nombre de péripéties, cette institution a toujours gardé intactes sa structure intérieure et son entière indépendance. Elle se reconstruisait toujours selon le même modèle. Au centre de la sitch se trouvait une grande place où se déroulaient les délibérations de tous les membres. S'y trouvait toujours une église dédiée à la mère de Dieu de la miséricorde, l'orthodoxie étant la condition *sine qua non* pour appartenir à la sitch. Sur la grande place se trouvait aussi la maison du chef, l'ataman, ainsi que toutes les institutions administratives et les dépôts de munitions.

(20) Andrea Graziosi, Lubomyr A Hajda, Halyna Hryn, *After the Holodomor, the Enduring impact of the Great Famine on Ukraine*, Harvard Ukrainian Research Institute, 2014.

(21) Voir à ce sujet le travail de Tomasz Kizny et Dominique Roynette, *La Grande terreur en URSS*, 1937-1938, Noir sur Blanc, 2013.

(22) Pour plus d'informations, voir Borys Martchenko, *Simon Petlura*, Bibliothèque ukrainienne Simon-Petlura, Paris, 1976.

(23) Leonid Pliouchtch, *Au Carnaval de l'Histoire*, Actuels Seuil, 1977.

(24) Stepan Bandera (1909-1959). Pour plus d'informations, voir Serhii Plokhy, *L'Ukraine aux portes de l'Europe*, Gallimard, 2022.

(25) Voir *L'ombre de Staline*, un film biographique sur Gareth Jones et sa découverte du Holodomor, famine organisée en Ukraine par Staline, réalisé par Agnieszka Holland, en 2019. La scénariste du film, Andrea Chalupa, une Ukrainienne d'origine, a raconté l'importance qu'avait eue pour elle et pour l'Ukraine le roman d'Orwell *La Ferme des animaux*. « J'ai découvert que la traduction en ukrainien de *La Ferme des animaux* avait été la deuxième traduction en langue étrangère après la polonaise. À la suite de sa parution, le livre a en effet circulé très vite à l'Est. Il est tombé entre les mains d'Ihor Ševčenko, un jeune Ukrainien de vingt-quatre ans qui avait appris l'anglais en écoutant la BBC et qui aidait dans les camps. En le lisant, il en mesura immédiatement la portée symbolique. Le 11 avril 1946, il a écrit à Orwell

pour lui demander s'il pouvait le traduire en ukrainien pour que ses "compatriotes" puissent en profiter. Orwell a accepté, et une correspondance s'est établie. La traduction a été le fruit d'un travail collectif avec les réfugiés et de nombreuses copies du texte ont circulé. Ce livre est une référence évidente à la collectivisation forcée de Staline. Mon oncle m'a raconté que dans le camp, tout le monde lisait ce livre et se le transmettait. *La Ferme des animaux* avait été, pour les réfugiés, une véritable révélation. Ce texte décrivait leur vie, il leur avait permis de mettre des mots sur les horreurs qu'ils avaient traversées. Il les avait littéralement sauvés. »

(26) La Lettonie vient notamment de voter une résolution qui fait de la Russie un sponsor du terrorisme d'État.

(27) Vassili Grossman, *Vie et Destin*, Julliard/L'Âge d'Homme, 1983.

Conversation 4

(28) Karl Schlögel, *Ukraine – A Nation on the Borderlands*, London : Reaktion Books 2018 and second enlarged edition in 2022. La traduction française de cet ouvrage devrait paraître bientôt.

(29) Paul Ricœur, *Le Juste I et II*, Éditions Esprit, 1985.

(30) Jonathan Littell, « Ukraine : nous sommes déjà en guerre », *Le Figaro*, 13 avril 2022.

(31) Jan Patocka, « Le 20e siècle en tant que guerre » in *Essais hérétiques sur la philosophie de l'Histoire*, Lagrasse, Verdier, 1999.

(32) Winston Churchill, *Journal politique, 1936-1939*, Tallandier Texto, 8 octobre 2020.

(33) Piotr Akopov, « L'avènement de la Russie et du nouveau monde », *RIA Novosti*, 26 février 2022. Cet article avait été accidentellement mis en ligne puis précipitamment retiré, car il annonçait le triomphe de la campagne militaire russe en Ukraine et révélait les plans géopolitiques mégalomaniaques de la Russie, et notamment son combat plus large contre l'Occident. Il a cependant été retrouvé par la Fondation pour l'innovation politique qui en a publié une traduction en français.

(34) Alekstandr Arkhanguelski, né en 1962, est un critique littéraire et publiciste russe, professeur à l'École supérieure d'Économie de Moscou.

Conversation 5

(35) Roman Sigov, « La voix de la résistance ordinaire en Ukraine », lavie.fr, 12 mai 2022.

(36) Nikolaï Leskov, *Les originaux de Petchersk*, L'Âge d'Homme, 2012.

(37) Constantin Paoustovski, écrivain soviétique, 1892-1968.

(38) Lesia Ukrainka (Laryssa Petrivna Kossatch-Kvitka), 1871-1913.

(39) Lina Kostenko est une très grande poétesse ukrainienne récompensée de plusieurs prix littéraires, dont le Prix national Taras Chevtchenko (1987). Elle est une des principales représentantes d'un mouvement dissident de poètes ukrainiens qui émergent dès 1960. Née en 1930, elle vit à Kyiv et a été décorée de la Légion d'honneur le 14 juillet à l'Ambassade de France.

(40) Voir Laure Mandeville, « Le désarroi des militaires ukrainiens », *Le Figaro*, 10/3/2014.

(41) André Glucksmann, *Le XIe commandement*, Flammarion, 1991.

(42) Vasyl Stus, né en 1938 et mort en prison en 1985, est considéré comme l'un des plus grands poètes ukrainiens. Écrivain, journaliste, membre actif du mouvement dissident. Ses travaux furent interdits, et lui-même condamné à treize années de détention, jusqu'à sa mort à Perm 36, camp de travail forcé soviétique pour les prisonniers politiques, après une grève de la faim. Il fut décoré du titre de Héros de l'Ukraine, par le président Viktor Iouchtchenko à titre posthume le 26 novembre 2005.

(43) L'intellectuel Jerzy Giedroyc fut l'une des grandes figures intellectuelles de la dissidence polonaise. Émigré à Paris, il devint le rédacteur en chef de la revue émigrée polonaise *Kultura*, dont l'influence diffusa pendant des

décennies depuis la France, alimentant le débat intellectuel polonais et européen.

(44) Boris Nemtsov, ancien ministre de Boris Eltsine et l'une des figures les plus intéressantes et les plus attachantes de l'opposition libérale russe, fut assassiné à l'âge de 59 ans le 27 février 2015 sur un pont situé à quelques centaines de mètres du Kremlin. Virulent critique de Vladimir Poutine, il s'était engagé en faveur de l'Ukraine, pendant la révolution orange puis la révolution de Maïdan. Au moment de son assassinat, il préparait à Moscou une manifestation de protestation contre l'intervention militaire russe en Ukraine. Il travaillait sur un rapport qui démontrait que les troupes russes se battaient aux côtés des rebelles prorusses du Donbass, ce que le Kremlin niait alors absolument.

(45) Voir Strobe Talbott, *The Russia Hand*, Random House, 2002.

(46) Galina Starovoitova, députée libérale russe, connue pour son combat pour les droits de l'homme et ses batailles contre la corruption, est assassinée à Saint-Pétersbourg en novembre 1998. Le tribunal conclut à un meurtre politique. Plusieurs personnes, dont un ancien membre des services spéciaux lié à des gangs mafieux, ont été condamnées. Vlad Listiev, journaliste vedette de la chaîne de télévision ORT est assassiné le 1er mars 1995. Le crime n'a jamais été élucidé.

(47) Vladimir Jirinovski, politicien ultranationaliste fondateur du parti libéral démocrate, lié au KGB et connu pour son extrémisme néo-impérial et ses provocations. Il a toujours été un parti d'appoint du pouvoir poutinien, fervent partisan de la guerre, et tenant lieu d'opposition factice. Il a été enterré en grande pompe à Moscou au mois d'avril 2022, en présence de Poutine.

(48) Valentyn Sylvestrov (né en 1937), 85 ans, est le compositeur vivant le plus connu d'Ukraine. Alfred Schnittke et Arvo Pärt ont parlé de lui comme l'un des plus grands compositeurs de notre temps. Sylvestrov est joué dans le monde entier. Il est devenu le porte-parole musical de son pays, tout particulièrement depuis le début de la guerre. Et comme des millions d'Ukrainiens, il a été transformé en réfugié par le conflit. Né à Kyiv en 1937, Valentyn Sylvestrov s'est fait connaître dans les années 1960 par des partitions avant-gardistes qui défient les normes esthétiques soviétiques en oscillant entre un modernisme austère et un polystylisme. Avec l'indépendance de l'Ukraine en 1991, et surtout après la révolution orange de 2004 et les manifestations de Maïdan en 2014, il s'est tourné plus ouvertement vers les sujets politiques et religieux, répondant à la révolution de Maïdan en composant une série de chansons rassemblées plus tard sous le nom de *Maïdan-2014*, pour chœur a cappella. (Son 13e mouvement est la « *Prière pour l'Ukraine* » interprétée

au Met.) Pour le philosophe Constantin Sigov, Sylvestrov *« raffine le vacarme de l'Histoire, ses constructions verbales et sonores massives »*. La guerre était déjà dans l'esprit de Sylvestrov lorsqu'il a composé *In Memoriam* il y a trois ans, en réponse à une demande de musique pour la célébration en 2020 du 8 mai, la commémoration de la fin de la Seconde Guerre mondiale, célébrée en Ukraine depuis 2015 comme la Journée du souvenir et de la réconciliation. Voir https://www.leshumanites-media.com/post/l-exil-d-un-g%C3%A9ant-le-compositeur-valentin-silvestrov-84-ans. Voir aussi "Ukraine's Most famous living composer is now a refugee", *New York Times*, 30/3/2022.

(49) Henri Guaino, « Nous marchons vers la guerre comme des somnambules », *Le Figaro*, 12 mai 2022.

(50) Lettre de Constantin Sigov à Alexis de Tocqueville, 7 juin 2022 :

Cher Monsieur !

Depuis plus de trente ans je me rends en France et, de retour en Ukraine, je parle de ce qu'elle a de remarquable. Avec le précieux concours des traducteurs des éditions L'Esprit et la lettre, nous avons publié des textes de classiques français, depuis Montaigne, Descartes et Pascal jusqu'à Paul Ricœur, Emmanuel Levinas et Jacques Derrida. Mais, ces derniers temps, les nouvelles qui nous parviennent de Paris nous font mal. Je ne sais plus comment expliquer à mes amis de Kyiv ce qui se passe chez vos élites.

Peut-être n'avais-je pas remarqué cette étrange coutume, peut-être m'avait-elle échappé. Dans votre espace public on juge un sadique et un tueur en série. Le président de la République est-il tenu de lui épargner « l'humiliation » ? Cette étrange pratique s'applique-t-elle à tous les tueurs en série ou à un sur deux ? Ou peut-être ce privilège est-il réservé au tueur numéro un, au champion de la discipline sportive ? On lui lève le bras pour qu'il ne perde pas « la face »…

Que dit-on alors aux parents et aux amis des victimes ? Comment les regarde-t-on dans les yeux et qu'en est-il de leur face ? Quels mots, quels gestes trouve-t-on alors pour les aider à ne pas se sentir « humiliés », ou bien pire encore ?

Comment s'explique à vos yeux et dans votre conscience cette façon de communiquer sur le même plan avec les victimes de la violence et avec leur auteur ?

Comment réagissez-vous à ce rituel et à cette rhétorique ?

Comment les anthropologues de France décrivent-ils cette forme toute nouvelle qui est apparue dans notre civilisation ? Quels arguments trouvent-ils pour normaliser cette pratique monstrueuse ?

Pascal et ceux qui l'ont lu attentivement auraient de tout autres mots pour parler de ce qui se passe aujourd'hui au cœur même de l'Europe. Maintenant en Ukraine, sous nos propres yeux, c'est le Fils de l'homme qui est en agonie, et il ne faut pas dormir pendant ce temps-là.

On ne peut déshonorer la langue de Pascal en faussant les distinctions entre la vie et la mort, entre le bien et le mal, entre le crime et la justice.

J'en appelle à Montaigne, à Descartes et à Pascal si nos contemporains ne sont pas entendus des dirigeants à qui ont été confiés notre bien commun, notre vie et notre mort.

Kyiv, 7.6.2022

Constantin Sigov

PS : Dans les semaines qui ont suivi, Emmanuel Macron a visité Kyiv et adopté une position de soutien plus franc à l'Ukraine, cessant d'utiliser la formule de « l'humiliation ».

(51) Georges Simenon se rend à Odessa en 1933. Il en rapporte un reportage remarquable et de nombreuses photos sur la famine organisée par Staline. Son passage en Ukraine inspire aussi son livre, *Les gens d'en face*, paru en 1933 chez Fayard, qui décrira avec perspicacité le fonctionnement des services secrets soviétiques.

Conclusion

(52) Marquis A. de Custine, *La Russie en 1839*, T. 2, lettre vingt-sixième, rééd. Solin, Paris, 1990, p. 433.

(53) Vasyl Stus, *Poésies choisies*, édition bilingue présentée et traduite par Georges Nivat, Kyiv, Dukh i litera, 2022.

(54) Constantin Sigov, *Lettre de Kiev*, collection Placard et Libellés, éditions du Cerf, Paris, 2022.

Imprimé en France par CPI
en octobre 2022

N° d'impression : 170214
Dépôt légal : novembre 2022

Talent Éditions est engagé dans le développement durable afin de limiter l'empreinte carbone de la fabrication de ses livres. Soucieux de l'impact environnemental de notre métier, nos ouvrages sont imprimés en France sur du papier certifié issu de plantations gérées de manière éco-responsable. Les livres non-commercialisables sont recyclés et réutilisés pour la fabrication d'autres produits cartonnés.